目次

🌸 **動物キャラクター❶**
〈くま・うさぎ・ひよこ①②③・卵・ねずみ・ねこ・りす・ハムスター〉… P4-5

🌸 **動物キャラクター❷**
〈たぬき・かえる・いぬ・さる・きつね・ぞう・帽子・ちょうちょ・25㎝角折り紙のくま〉… P6-7

🌸 **ベジプリキャラクター**
〈いちご①②・まめ・さくらんぼ・くり・りんご〉… P8-9

🌸 **子どもキャラクター**
〈女の子・男の子・女の子（スモック）・男の子（スモック）・男の子（水着）・女の子（水着）・鬼の子〉… P10-11

🌸 **乳児キャラクター** 〈乳児①②〉… P11

🌼 **季節の折り紙**
〈てるてるぼうず・かたつむり①②・アイスクリーム・2段アイスクリーム・おばけ・どんぐり・きのこ・雪だるま①②〉… P12-13

🌼 **行事折り紙**
〈園舎・鏡もち①②・ワッペン・お面〉… P14-15

🌱 春の壁面 … P16
🌱 夏の壁面 … P17
🌱 秋の壁面 … P18
🌱 冬の壁面 … P19

💠 作り方・折り図記号 … P20-64
💠 型紙 … P65-95

小さいサイズの折り紙の作り方

キャラクターによっては、15㎝角の折り紙を切った小さいサイズを使用します。ここでは、その作り方をご説明します。

15㎝角の1/16サイズ折り紙
※本文では1/16サイズとする

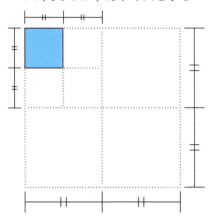

15㎝角の1/8サイズ折り紙
※本文では1/8サイズとする

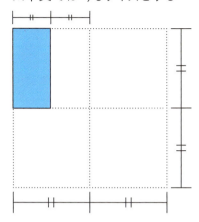

15㎝角の1/4サイズ折り紙
※本文では1/4サイズとする

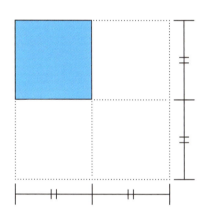

15㎝角の1/4サイズ折り紙を半分に切った三角形
※本文では1/4サイズを半分に切った三角形とする

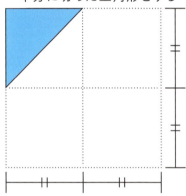

15㎝角の1/2サイズ折り紙
※本文では1/2サイズとする

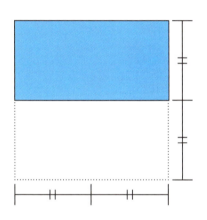

※これらの場合は面積を等分しています。

15㎝角の3/4サイズ折り紙
※本文では3/4サイズとする

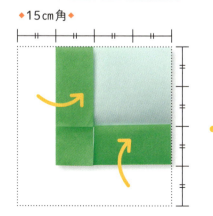

❶ 15㎝角の折り紙の縦と横の辺を1/4ずつ折り込み、型を作る

❷ 15㎝角の折り紙に型をセットして、型に沿って切る

❸ 3/4サイズ折り紙の出来上がり

※この場合は長さを等分しています。

ねずみ
作り方… 5 23 26
型紙…P66

ねこ
作り方… 6 23
型紙…P66

りす
作り方… 7 23 27
型紙…P67

ハムスター
作り方… 7 23
型紙…P66

動物キャラクター❷

季節に合わせて使いやすい動物キャラクターを、ご紹介します。ぞうには帽子をかぶせることもできます。

たぬき
作り方…8 23
型紙…P67

かえる
作り方…12 23
型紙…P67

いぬ
作り方…10 23
型紙…P67

さる
作り方…11 23
型紙…P68

きつね
作り方…9 23
型紙…P68

ぞう
作り方…13 28
型紙…P68

帽子
作り方…14
型紙…P69

ちょうちょ
作り方…15 16
型紙…P68-69

サイズ比較
左…15cm 角折り紙で作るくま
右…25cm 角折り紙で作るくま　型紙…P70

ベジプリキャラクター

野菜や果物の、かわいいキャラクター！
食育指導にもぴったりです。

いちご①
作り方… 17 18 24
型紙…P70

いちご②
作り方… 17 18 24
型紙…P71

子どもキャラクター

普段着、スモック、水着など様々な服装の子どもです。
鬼の子は豆まきシーズンにぴったり！

女の子
作り方… 22 24
型紙…P72

男の子
作り方… 22 24
型紙…P72

僕の足の先は
色を塗っているよ！

わたしたちは、
足のみ別色に
しているよ！

女の子（スモック）
作り方… 22 24
型紙…P72

男の子（スモック）
作り方… 22 24
型紙…P73

男の子（水着）
作り方…22 25
型紙…P73

女の子（水着）
作り方…22 25
型紙…P73

鬼の子
作り方…22 23
型紙…P74

乳児キャラクター

乳児室の飾りとして使える作品です。
服の色には、パステルカラーの折り紙が似合います。

乳児①
作り方…22 30 31
型紙…P74

乳児②
作り方…22 32
型紙…P74

季節の折り紙

四季折々で使える作品です。どんぐりは簡単な作り方なので子どもも折ることができ、みんなで制作を楽しめます。

てるてるぼうず
作り方…33
型紙…P74

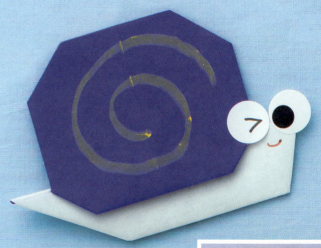

かたつむり①
作り方…34
型紙…P75

かたつむり②
作り方…34
型紙…P75

アイスクリーム
作り方…35 36
型紙…P75

2段アイスクリーム
作り方…35 36
型紙…P75

おばけ
作り方…37
型紙…P74

どんぐり
作り方…38
型紙…P76

きのこ
作り方…39
型紙…P76

雪だるま①
作り方…40
型紙…P76

雪だるま②
作り方…40
型紙…P76

しっかり合わせて

押さえるよ

できた!

行事折り紙

飾ったり身に付けたりと、行事の際に便利な作品です。鏡もちは立体的にもなります。
お面のキャラクターには、25cm角の折り紙を使っています。

園舎
作り方…41
型紙…P77

鏡もち①
作り方…42 43
型紙…P77

鏡もち②
作り方…42 43
型紙…P77

ワッペン

作り方… **1** **2** **44**
型紙…P78

裏面

金色で作るとゴージャスだよ！

写真を入れると、
お誕生会にぴったり！

お面

型紙…P78-80

裏面

15

春の壁面

春の園舎
型紙…P79-82

キャラクターにはいろいろな表情をさせて、賑やかな壁面を演出しましょう。園舎には、25cm角の折り紙を使っています。

気球に乗って
型紙…P65・80-83

モールでロープを表現しています。

ふわふわ赤ちゃん
型紙…P82-84

紐は風船に直接巻きつけることで、一体感を出します。

秋の壁面

魔女が被っているような帽子（型紙：魔女の帽子）は、前後でキャラクターの頭を挟み込むようにつけます。おばけは、しっぽの方向に変化をつけて。

びっくりハロウィン！
型紙…P89-92

どんぐりリース
型紙…P76・90・92

同じ形のどんぐりも、マスキングテープや色付けで華やかに！

いろいろきのこと秋の動物たち
型紙…P76・93

服もきのこも、シックな色合いにまとめましょう。

作り方

- 基本的に、各作品の折りはじめは対辺ないし対角で2回折り、十字の折りすじをつけます。
- 余分に開いてしまう箇所は、糊やテープで留めてください。
- 1つの写真の中で手順が進行する場合には、→線を使用しています。
- 写真は同率縮寸ではなく、一部拡大・縮小しています。
- 仕上げには、切った折り紙やシール（着色含む）、フェルトペンなどを使いましょう。

折り図記号

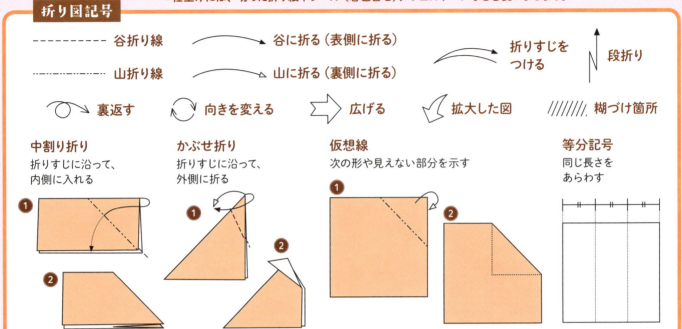

※大きさの違うキャラクターで折り方は一緒の場合、写真内のサイズは一番大きい折り紙に合わせています。小さい方は、写真と作品を照らし合わせながら折り進めてください。

1 くま（顔）

15cm角　1枚

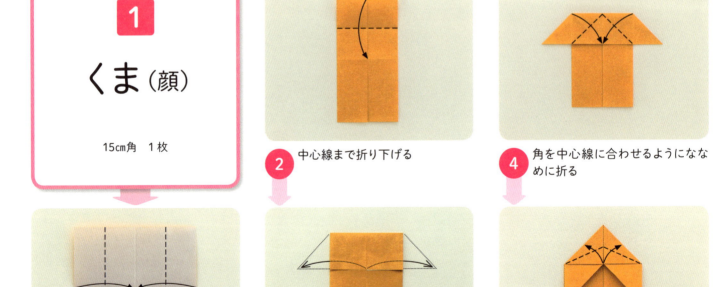

1. 十字田に折りすじをつけ、中心線まで折る
2. 中心線まで折り下げる
3. 内側を引き出して三角形につぶし折る
4. 角を中心線に合わせるようにななめに折る
5. 角を図の位置に合わせるように折り上げる

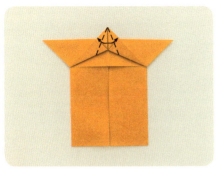

⑥ 図の位置に合わせるように折る

⑩ 角を図のように折る

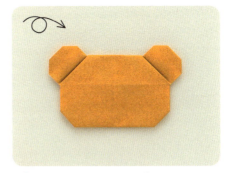

⑭ 裏返して、出来上がり

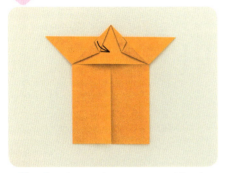

⑦ ⑥で折った部分を戻し、折りすじをつける

⑪ ○のくぼみに合わせるように折り上げ、⑩で折った角の下に入れる

2 うさぎ（顔）

15cm角　1枚

⑧ ①➡のところに指を入れる ②下に引いて広げ、⑦の折りすじで折りたたみながら、三角形につぶし折る。反対側も⑦⑧と同様に折る

⑫ 角を図のように折る

① 1 くま（顔）の⑤まで同様に折る。折り上げた部分を戻し、折りすじをつける

⑨ 角を図の位置まで折る

⑬ 図のようになる

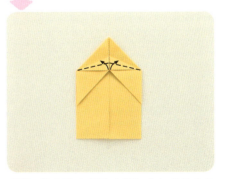

② 角を①の折りすじに合わせるように折り上げる

3 図の位置に合わせるように折る

7 ○のくぼみに合わせるように折り上げ、6で折った角の下に入れる

3 ひよこ①②③

本体：15cm角　1枚
1/16 サイズ　2枚
足：1/4 サイズ　1枚

※②③の7以降は見本を見て羽を作る

<ひよこ①②③本体>

4 3で折った部分を戻し、折りすじをつける

5 ①➡のところに指を入れる ②下に引いて広げ、4の折りすじで折りたたみながら、○の部分に合わせるようにつぶし折る。反対側も45と同様に折る

8 角を図のように折る

1 1/16 サイズを2枚図のように貼る

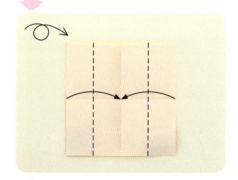

6 角を図の位置まで折る

9 図のようになる

10 裏返して、出来上がり

2 裏返して、十字田に折りすじをつけ、中心線まで折る

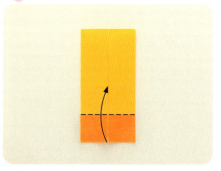

3 中心線まで折り上げる

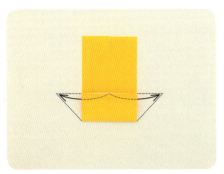

4 内側を引き出して三角形につぶし折る

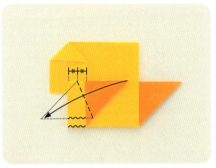

8 〰〰のラインが平行になるように、ななめに折る

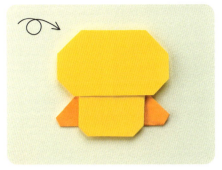

12 裏返して＜本体＞の出来上がり

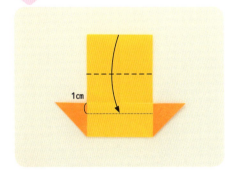

5 図の位置まで折り下げる

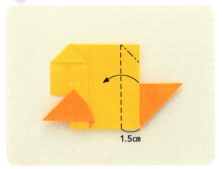

9 反対側も ❼❽ と同様に折る

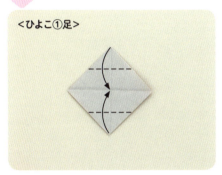

＜ひよこ①足＞

13 十字◇に折りすじをつけ、角を中心線まで折る

6 図のようになる

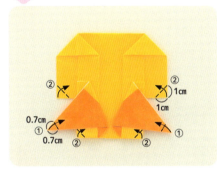

10 ①角を中割り折りする
②角を図のように折る

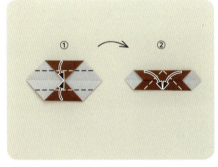

14 ①さらに中心線まで折る
②中心線に合わせるようにななめに折る

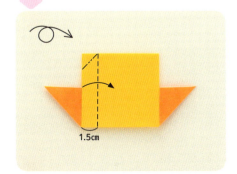

7 裏返して図のように谷折り。ついてくる部分を三角形につぶし折る

11 図のようになる

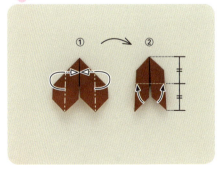

15 ①中心線まで山折り
②図の位置まで折り上げる

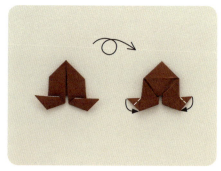

16 裏返して、角を図の位置まで折る

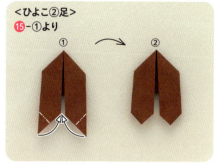

20 ⑮-①まで同様に折る。
①角を図の位置まで山折り
②<本体>に差し込み、糊で留める

4
卵

1/2 サイズ　1枚

1 ①十字田に折りすじをつける。さらに中心線まで折って戻し、折りすじをつける
②角を①の折りすじまで折る

17 裏返して、<足①>の出来上がり

21 ひよこ②の出来上がり

2 ①中心線まで折る
②中心線に合わせるように山折り

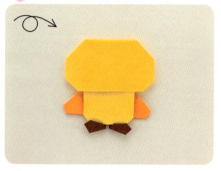

18 裏返して、図のように<足①>を<本体>に差し込み、糊で留める

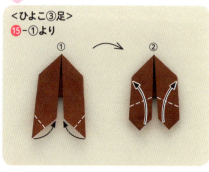

22 ⑮-①まで同様に折る。
①角を図の位置まで谷折り
②図のようにななめに折り上げる。<本体>に差し込み、糊で留める

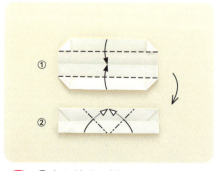

3 図の位置まで折る

19 裏返して、ひよこ①の出来上がり

23 ひよこ③の出来上がり

4 ➭のところに指を入れて広げる

5 ねずみ（顔）

15㎝角　1枚

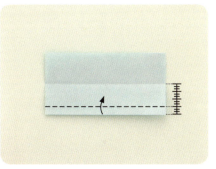

4 十字⊞に折りすじをつけ、四等分で折り上げる

5 途中の様子。広げた部分を折り上げながら、つぶし折る。残りの3か所も同様に折る

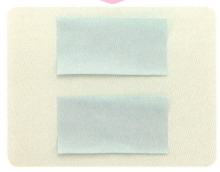

1 図のように半分に切る。1枚は❷❸、もう1枚は❹〜❼に折り進める

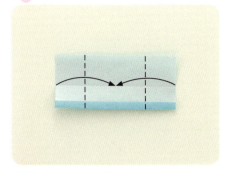

5 中心線まで折る

6 図のようになる

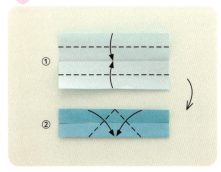

2 ①十字⊞に折りすじをつけ、中心線まで折る
②中心線に合わせるようにななめに折る

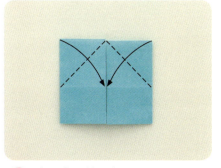

6 角を中心線に合わせるようにななめに折る

7 裏返したひよこの＜本体＞を図のように差し込む。裏返して、出来上がり。羽は卵から出ないように前に折りたたむ

3 図のようになる

7 図のようになる

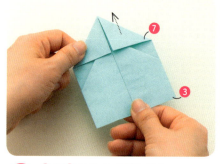

8 ❸を❼の先まで差し込む

12 角を図のように折る

1 **1 くま（顔）の❺より**
1 くま（顔）の❺まで同様に折る。角を図の位置まで折る

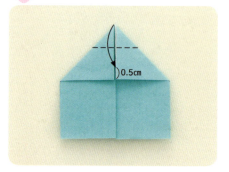

9 角を図の位置まで折り下げる

13 図のようになる

2 図の位置で折り下げる

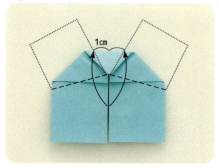

10 図の位置に合わせるように折り上げる

14 裏返して、出来上がり

3 角を図の位置で折り下げる

11 角を図の位置で折り上げる

6 ねこ（顔）

15cm角　1枚

4 ○のくぼみに合わせるように折り上げ、❸で折った角の下に入れる

5 角を図のように折る

1 1くま（顔）の5まで同様に折る。折り上げた部分を戻し、折りすじをつける

5 ○の角に合わせるように折り上げ、4で折った角の下に入れる

6 図のようになる

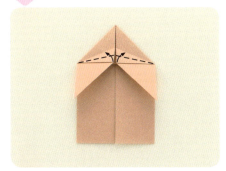

2 角を1の折りすじに合わせるように折り上げる

6 角を図のように折る

7 裏返して、出来上がり

3 角を図の位置まで折る

7 図のようになる

7 りす・ハムスター（顔）

15㎝角　1枚

4 角を図のように折る

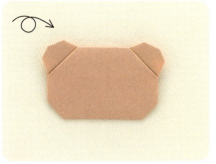

8 裏返して、出来上がり

8 たぬき（顔）

15cm角　1枚
1/16サイズ　2枚

1 ❶くま（顔）の❺まで同様に折る。折り上げた部分を戻し、折りすじをつける

4 図の位置に合わせるように折る

8 ○のくぼみに合わせるように折り上げ、❼で折った角の下に入れる

2 角を❶の折りすじに合わせるように折り上げる

5 ❹で折った部分を戻し、折りすじをつける

9 角を図のように折る

かぶせるように貼る

3 1/16サイズを半分に折った三角形2枚を糊で貼る

6 ①➡のところに指を入れる ②下に引いて広げ、❺の折りすじで折りたたみながら、○の部分に合わせるようにつぶし折る。反対側も❺❻と同様に折る

7 角を図の位置まで折る

10 図のようになる

11 裏返して、出来上がり

9 きつね(顔)

15cm角 1枚

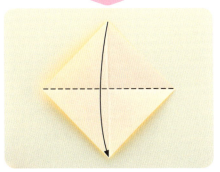

1 十字に折りすじをつけ、中心線で折り下げる

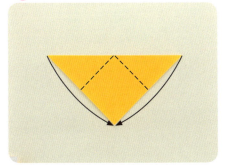

2 角を図の位置まで折る

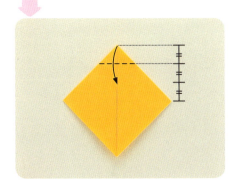

3 角を三等分で折り下げる

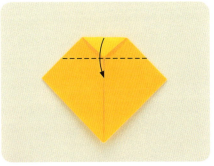

4 さらに図の位置まで折り下げる

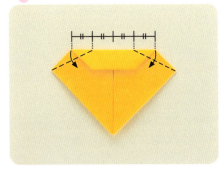

5 図の位置で折り下げる

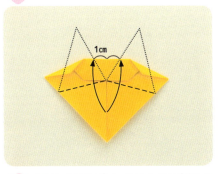

6 図の位置に合わせるように折り上げる

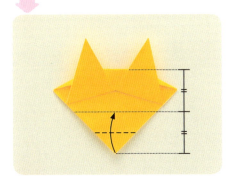

7 角を図の位置まで折り上げる

8 角を図のように折る

9 図のようになる

10 裏返して、出来上がり

10 いぬ（顔）

15cm角　両面折り紙　1枚

4 角を図のように折る

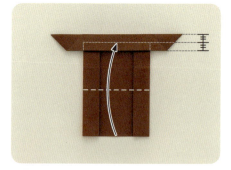

8 図の位置まで折り上げ、上部の内側へ入れる

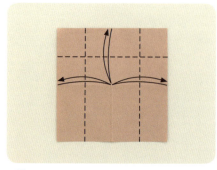

1 十字田の折りすじをつける。さらに中心線まで折って戻し、折りすじをつける

5 図のようになる

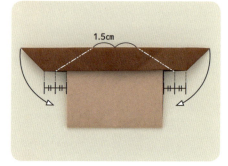

9 図の位置で山折りで折り下げる

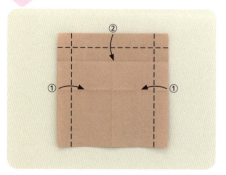

2 ❶の折りすじまで①②の順に折る

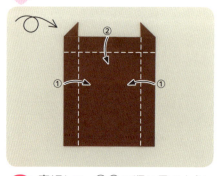

6 裏返して、①②の順に図のように折る

10 図のように折る

3 内側を引き出して三角形につぶし折る

7 図のように左右に引き出す

11 図のようになる

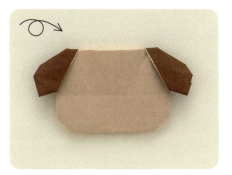

⑫ 裏返して、出来上がり

③ ❶の折りすじで折る

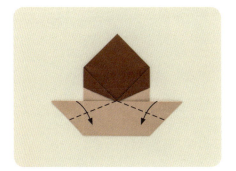

⑦ 図の位置まで折り下げる

11 さる（顔）

15cm角　両面折り紙　1枚

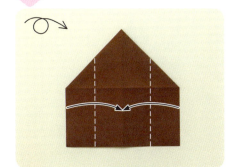

④ 裏返して、中心線まで折る

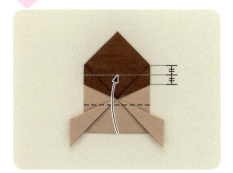

⑧ 図の位置まで折り上げる

① 十字田に折りすじをつけ、角を中心線までななめに折って戻し、折りすじをつける

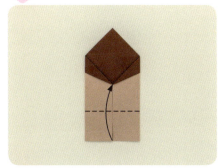

⑤ 図の位置まで折り上げる

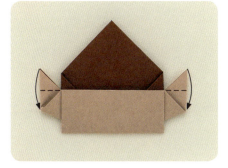

⑨ 角を図の位置まで折る

② 角を❶の折りすじまで折る

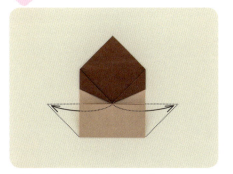

⑥ 内側を引き出して三角形につぶし折る

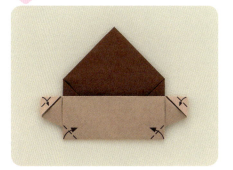

⑩ 角を図のように折る

11 図のようになる

12
かえる（顔）
15cm角　1枚

4 図の位置でななめに折る

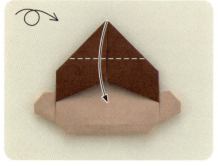
12 裏返して、角を図の位置まで折り下げる

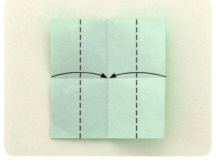
1 十字田に折りすじをつけ、中心線まで折る

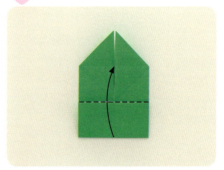
5 図の位置で折り上げる

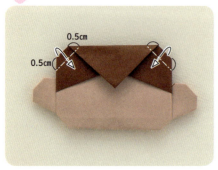
13 図の位置で山折り

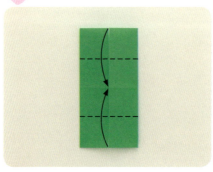
2 中心線まで折る

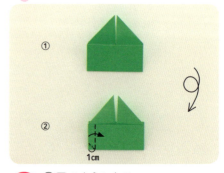
6 ①図のようになる
②裏返して図のように谷折り。ついてくる部分を三角形につぶし折る

14 出来上がり

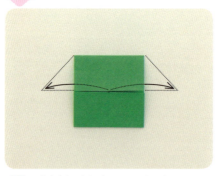
3 内側を引き出して三角形につぶし折る

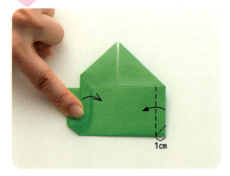
7 途中の様子。反対側も 6 -②と同様に折る

8 角を図の位置まで折る

13

ぞう（顔）

15cm角　1枚
1/4 サイズ　1枚

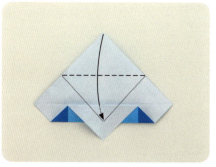

4 角を図の位置まで折り下げ、❸で折った部分の下に入れる

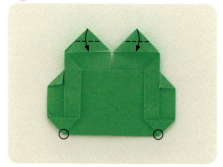

9 角を図のように折る。○の角は少し谷折り

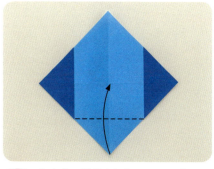

1 十字✥に折りすじをつける。1/4 サイズを半分に切った三角形を図のように貼る。角を中心線まで折り上げる

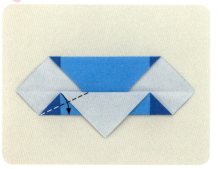

5 角を図の位置まで折る

10 図のようになる

2 図のようになる

6 ❺で折った部分を戻し、折りすじをつける

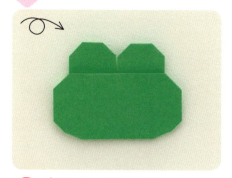

11 裏返して、出来上がり

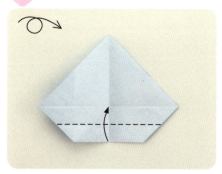

3 裏返す。後ろの三角形を引き出しながら、中心線に合わせるように折り上げる

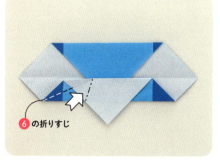

7 ⇨のところに指を入れ、❻の折りすじで折りたたみながら、三角形につぶし折る

8 途中の様子

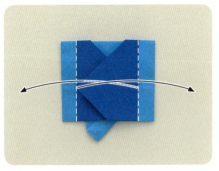
12 図の位置で折る

16 角を図のように折る

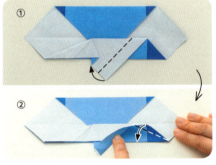
9 ①角を図の位置まで折る
②ついてくる部分を三角形につぶし折る

13 図のように折り、ついてくる部分を三角形につぶし折る

17 図のようになる

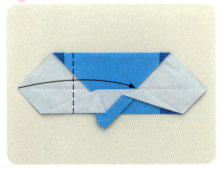
10 角を図の位置まで折る

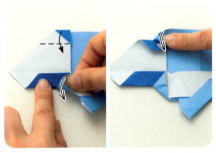
14 途中の様子。反対側も同様に折る

18 裏返して、出来上がり

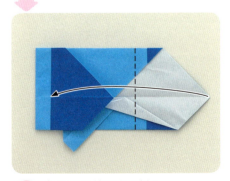
11 角を図の位置まで折る

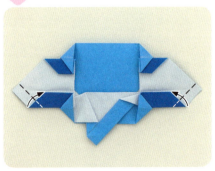
15 角を図の位置まで折る

14

帽子

ぞう：15cm角　1枚
ひよこ：3/4サイズ　1枚

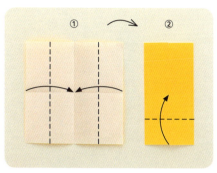

1 ①十字田に折りすじをつけ、中心線まで折る
②中心線まで折り上げる

5 角を図の位置まで折る

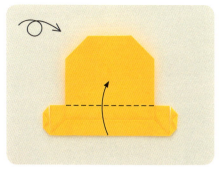

9 裏返して、図の位置で折り上げる

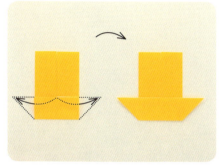

2 内側を引き出して三角形につぶし折る

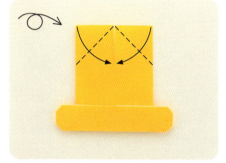

6 裏返して、角を中心線に合わせるようにななめに折る

10 出来上がり

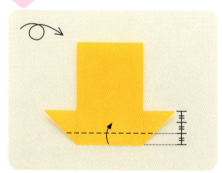

3 裏返して、三等分で折り上げる

7 角を図の位置まで折り下げる

15 ちょうちょ（本体）

顔：1/4サイズ　1枚
ベース：15cm角　1枚

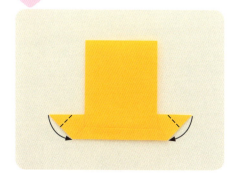

4 角を図の位置まで折る

8 図のようになる

<顔>

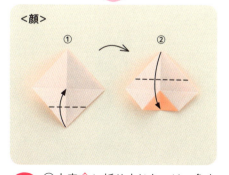

1 ①十字田に折りすじをつけ、角を中心線まで折り上げる
②角を図の位置まで折り下げる

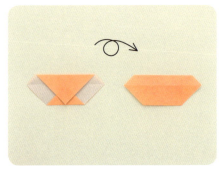

2 裏返して＜顔＞の出来上がり

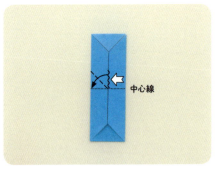

6 ⇨のところに指を入れて、〰〰のラインを中心線に合わせるように広げ折る

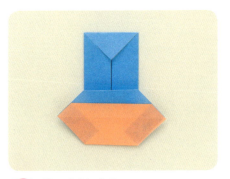

10 図のようになる

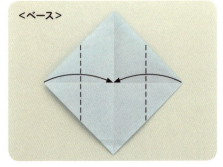

3 十字✥に折りすじをつけ、角を中心線まで折る

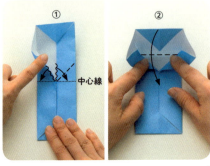

7 ①途中の様子。反対側も同様に広げ折る
②かぶせるように折り下げ、つぶし折る

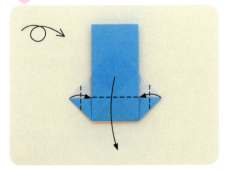

11 裏返して、図のように折る

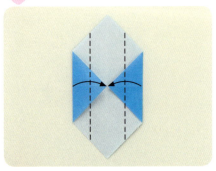

4 さらに中心線まで折る

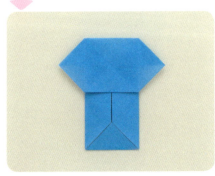

8 図のようになる

12 図の位置まで谷折り。ついてくる部分を三角形につぶし折る

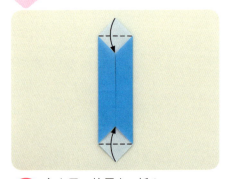

5 角を図の位置まで折る

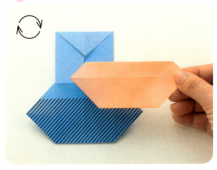

9 向きを変え、＜顔＞を図のように貼る

13 角を図のように折る

14 図のようになる

<上>

2 中心線で折り下げる

6 裏返して<上>の出来上がり

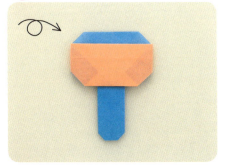

15 裏返して、出来上がり

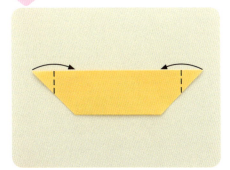

3 角を図の位置まで折る

<下> 5 より

7 向きを変え、角を中心線に合わせるようにななめに折る

16 ちょうちょ（羽）

15cm角　2枚

<上><下>

1 十字✛に折りすじをつけ、角を中心線まで折る

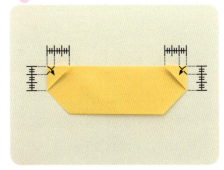

4 角を三等分で折る

8 <下>の出来上がり

5 図のようになる

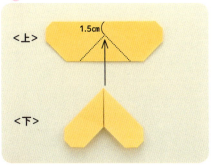

<上>　1.5cm
<下>

9 <上>に<下>を図の位置まで差し込み、糊で留める

37

10 出来上がり

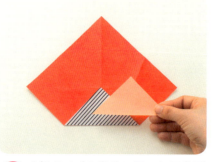

3 1/4サイズを半分に切った三角形を図のように貼る

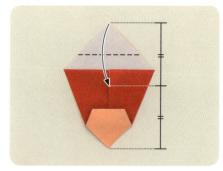

7 図の位置に合わせるように折り下げる

17 いちご（顔）

15cm角　1枚
1/4サイズを半分に切った三角形　1枚

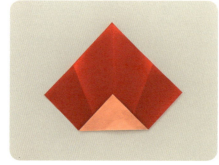

4 図のようになる

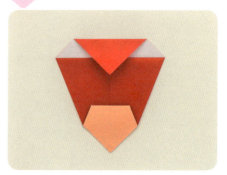

8 図のようになる

1 縦◇に折りすじをつける。さらに中心線まで折って戻し、折りすじをつける

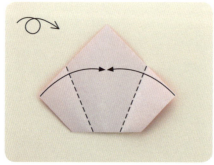

5 裏返して、折りすじで折る

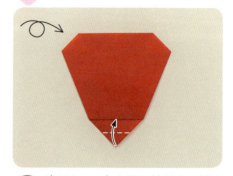

9 裏返して、角を図の位置まで折り上げる

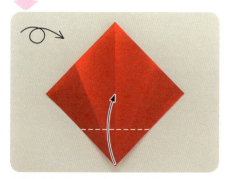

2 裏返して、中心まで折る

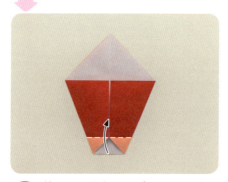

6 後ろを引き出しながら、図の位置で折り上げる

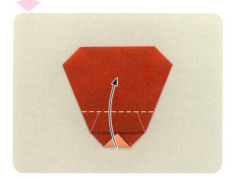

10 後ろの顔のラインで、図のように折り上げる

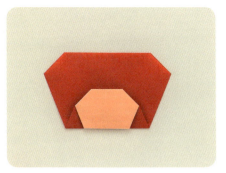
11 図のようになる

15 図のように角を谷折り

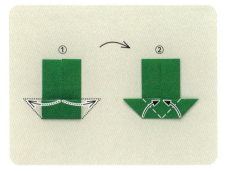
2 ①内側を引き出して三角形につぶし折る ②角を中心線に合わせるようにななめに折る

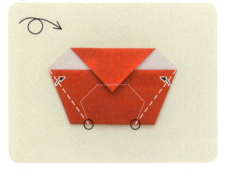
12 裏返して、後ろの顔の○の角に合わせて、図のようにななめに折る

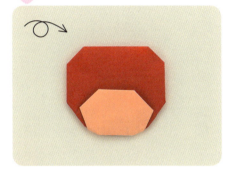
16 裏返して、出来上がり

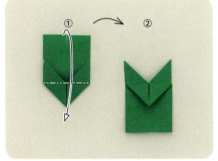
3 ①図の位置で山折りで折り下げる ②＜上＞の出来上がり

13 角を図の位置まで折る

18 いちご（ヘタ）

1/4サイズ　2枚

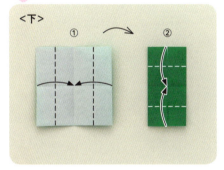
4 ①十字田に折りすじをつけ、中心線まで折る ②中心線まで折る

14 角を三等分で折る

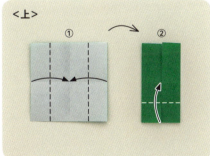
1 ①十字田に折りすじをつけ、中心線まで折る ②中心線まで折り上げる

5 ①内側を引き出して三角形につぶし折る ②中心線まで折り下げる

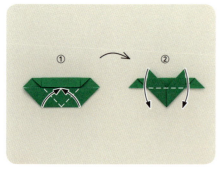

6 ①角を図の位置に合わせるようにななめに折る
②角を図の位置で折り下げる

10 出来上がり

3 図のようになる

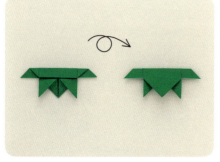

7 裏返して<下>の出来上がり

19 まめ・さくらんぼ（顔）

15cm角　1枚
1/4 サイズ　1枚
ベレー帽：1/16 サイズ　1枚

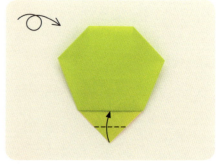

4 裏返して、角を図の位置まで折り上げる

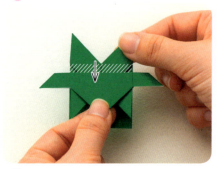

8 <上>を<下>に差し込み、糊で留める

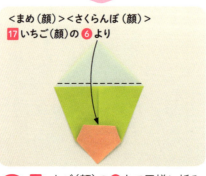

<まめ（顔）><さくらんぼ（顔）>
17 いちご（顔）の 6 より

1 17 いちご（顔）の 6 まで同様に折る。図の位置まで角を折り下げる

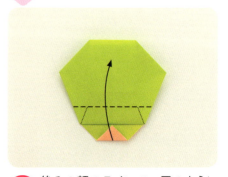

5 後ろの顔のラインで、図のように折り上げる

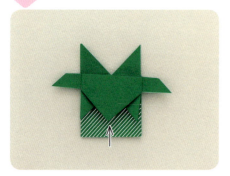

9 間に 17 いちご（顔）をはさんで糊で留める

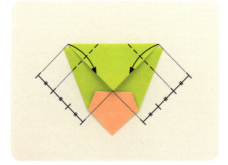

2 角を三等分でななめに折る

6 図のようになる

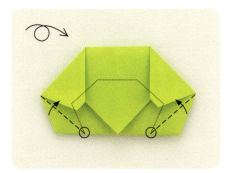

7 裏返して、後ろの顔の○の角に合わせて、図のようにななめに折る

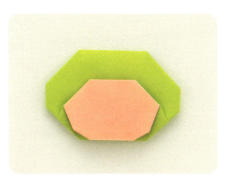

11 まめ（顔）の出来上がり

1 17 いちご（顔）の 6 まで同様に折る

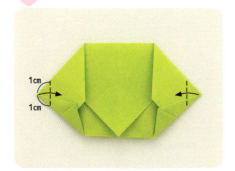

8 角を図のように折る

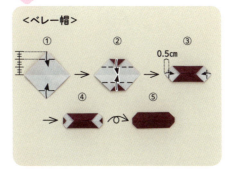

12 ①十字に折りすじをつけてから三等分で折る ②さらに中心線まで折る ③角を図の位置で折る ④図のようになる ⑤裏返して＜ベレー帽＞の出来上がり

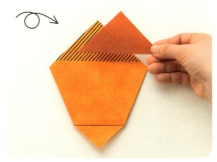

2 裏返して、1/4サイズを半分に切った三角形を図のように貼る

9 図のようになる

13 ＜ベレー帽＞を図のように貼り、さくらんぼ（顔）の出来上がり

3 角を図の位置まで折り上げる

10 裏返して、顔の○の角だけを少し山折りして中に入れる

20 くり（顔）

15cm角　1枚
1/4サイズ　1枚
頭の色：
1/4サイズを半分に切った三角形　1枚

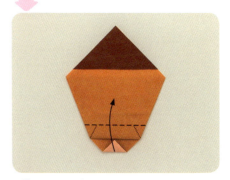

4 後ろの顔のラインで、図のように折り上げる

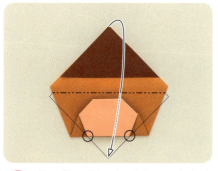

5 ○の角に合わせるように、角を山折りで折り下げる

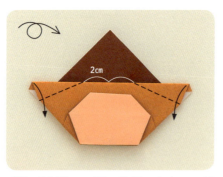

9 裏返して、図の位置でななめに折り下げる

13 図のように角を山折り

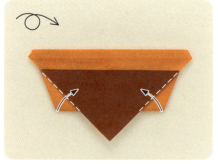

6 裏返す。角を図のように谷折りして5で折った部分の下に入れる

10 しっかり折りすじをつけ、折った部分を戻す

14 出来上がり

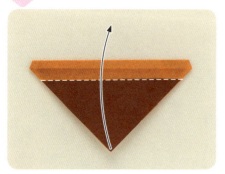

7 角を図の位置で折り上げる

11 折りすじに沿って、中割り折りする

21

りんご（顔）

15cm角　1枚
1/4サイズ　1枚
※芯：型紙参照

8 図のようになる

12 途中の様子

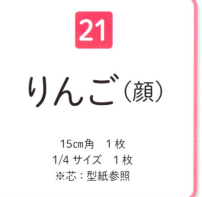

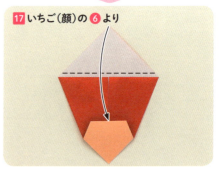

17 いちご（顔）の6より

1 17いちご（顔）の6まで同様に折る。図の位置に合わせるように折り下げる

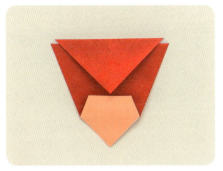

2 図のようになる

6 裏返して、後ろの顔の○の角に合わせて、図のようにななめに折る

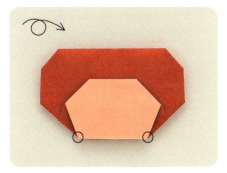

10 裏返して、顔の○の角だけを少し山折りして中に入れる

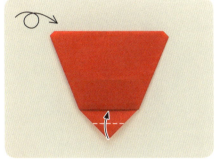

3 裏返して、角を図の位置まで折り上げる

7 図の位置で折る

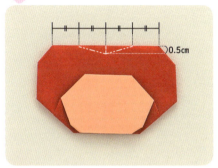

11 図の位置で折る（中央をへこませる）

4 後ろの顔のラインで、図のように折り上げる

8 角を図の位置で折る

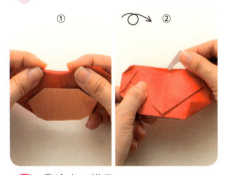

12 ①途中の様子
②裏返して、①で折った部分の裏側に芯を糊で貼る

5 図のようになる

9 図のようになる

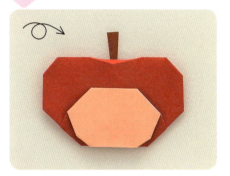

13 裏返して、出来上がり

22 男の子・女の子・乳児・鬼の子（顔）

15cm角 1枚
※髪：型紙参照

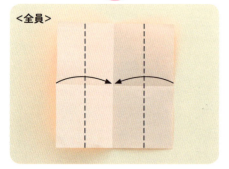

1 十字田に折りすじをつけ、中心線まで折る

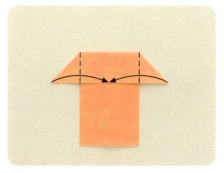

4 角を図の位置まで折る

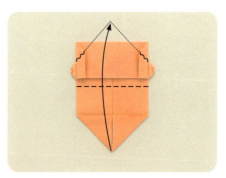

8 〜〜〜のラインに合わせるように折り上げる

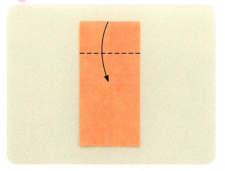

2 中心線まで折り下げる

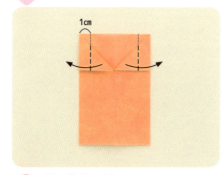

5 図の位置で折る

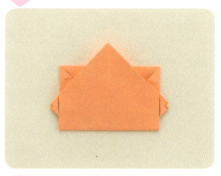

9 図のようになる

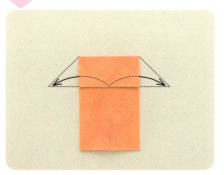

3 内側を引き出して三角形につぶし折る

6 角を図の位置まで折る

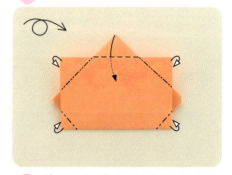

10 裏返して、角を図のように折る。谷折りした角は中に入れる

7 角を中心線に合わせるようにななめに折る。○の角を少し谷折り

11 髪を貼り、＜男の子＞の出来上がり。＜女の子（スモック）＞は、これに髪をつける

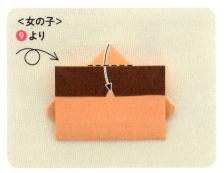

12 裏返して髪を貼り、角を谷折りして中に入れる

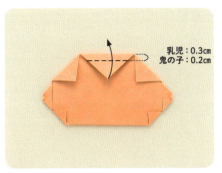

16 角を<乳児>は0.3cm、<鬼の子>は0.2cmで折り上げる

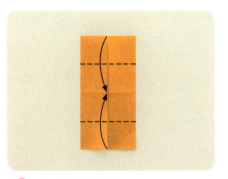

2 中心線まで折る

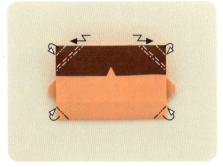

13 図のように、上の角は段折りして下の角を山折り

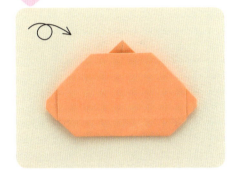

17 裏返して<乳児・鬼の子>の出来上がり

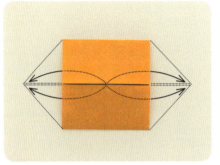

3 内側を引き出して三角形につぶし折る

14 <女の子>の出来上がり

23 体①

15cm角　1枚
服：1/4サイズ　1枚

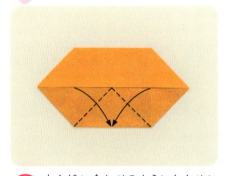

4 中心線に合わせるようにななめに折る

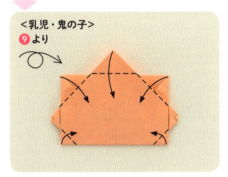

15 図の位置で角を折る

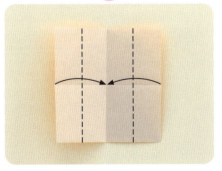

1 十字田に折りすじをつけ、中心線まで折る

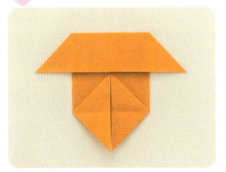

5 図のようになる

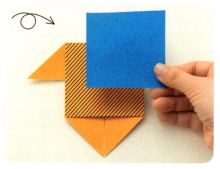

6 裏返して、1/4サイズを糊で貼る

10 ○の角が外側のラインから出ないように、ななめに折る

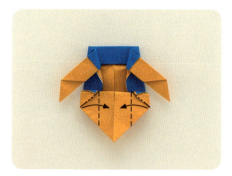

14 図の位置で谷折り。ついてくる部分を三角形につぶし折る

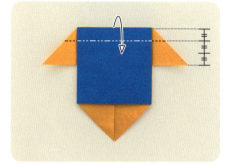

7 三等分で山折りで折り下げる

11 ○の部分を合わせる。反対側も❾〜⓫と同様に折る

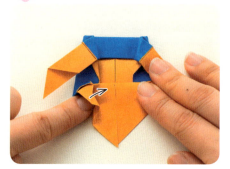

15 途中の様子

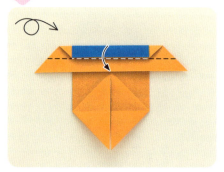

8 裏返して、図の位置までさらに折り下げる

12 図の位置で折り上げる

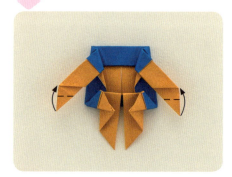

16 角を図の位置まで折る

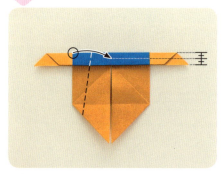

9 ○の角を図の位置に合わせるように、ななめに折る

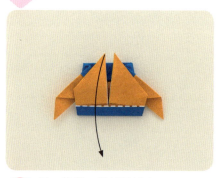

13 図の位置で折り下げる

17 図のようになる

46

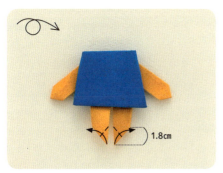

18 裏返して、図の位置で角が少し出るように折る

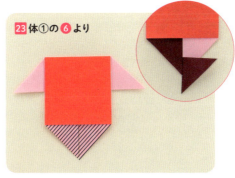

1 23体①の6まで同様に折る。1/16サイズを半分に折った三角形2枚を糊で貼る

5 ○の角が外側のラインから出ないように、ななめに折る

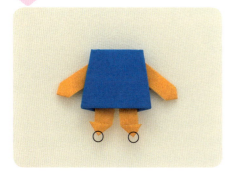

19 ○の角を少し山折り

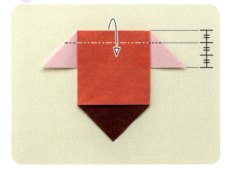

2 三等分で山折りで折り下げる

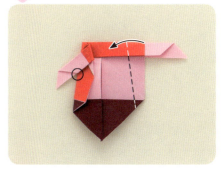

6 ○の部分を合わせる。反対側も4〜6と同様に折る

20 出来上がり

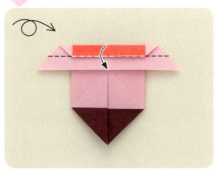

3 裏返して、図の位置までさらに折り下げる

7 図の位置で折り上げる

24 体②

15cm角　1枚
1/4サイズ　1枚
1/16サイズ　2枚
※服や手などの色は見本参照

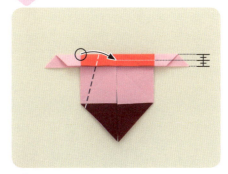

4 ○の角を図の位置に合わせるように、ななめに折る

8 図の位置で折り下げる

9 図の位置で谷折り。ついてくる部分を三角形につぶし折る

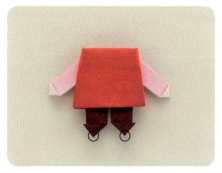

13 ○の角を少し山折り

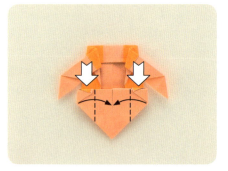

2 ⇨のところに指を入れ、図の位置まで谷折り。ついてくる部分を三角形につぶし折る

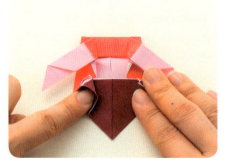

10 途中の様子

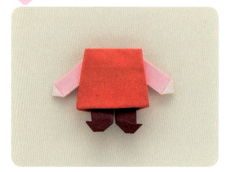

14 出来上がり

3 途中の様子

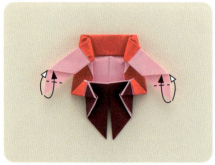

11 角を図の位置までかぶせ折りする

25 水着

15cm角　1枚
※水着：型紙参照

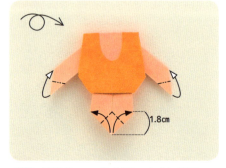

4 裏返して、角を図のように折る

12 裏返して、図の位置で角が少し出るように折る

1 23体①の5まで同様に折る。裏返して水着を図のように貼り、23体①の7～13と同様に折る

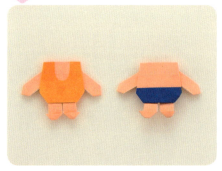

5 23体①の19と同様に角を少し山折りして、出来上がり

26 ねずみ（しっぽ）

1/8サイズの 1/2　1枚

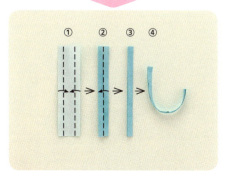

1 ①縦田に折りすじをつけてから、中心線まで折る ②中心線で折る ③ペンなどに巻きつけてカールさせる ④出来上がり

2 23体①に図のように差し込んで糊で貼る

27 りす（しっぽ）

1/4サイズ　1枚

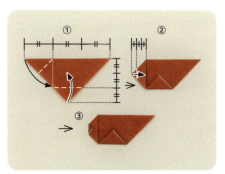

1 1/4サイズを三角形に半分に折る。
①角を図の位置で折る
②角を三等分で折る
③出来上がり

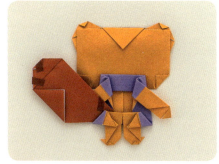

2 しっぽの模様（P67）を貼ってから、23体①に図のように差し込んで糊で貼る

28 ぞう（体）

15cm角　1枚
1/4サイズ　1枚

1 十字田に折りすじをつけ、中心線まで折る

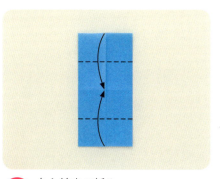

2 中心線まで折る

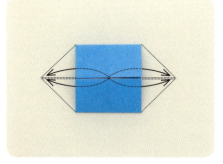

3 内側を引き出して三角形につぶし折る

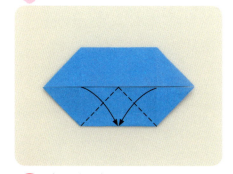

4 中心線に合わせるようにななめに折る

5 図のようになる

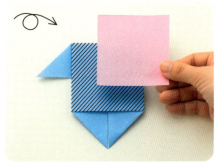
6 裏返して、1/4 サイズを糊で貼る

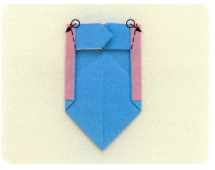
10 ○の角が外側のラインから出ないように、ななめに折る

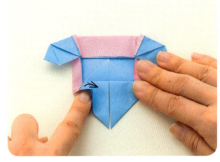
14 途中の様子

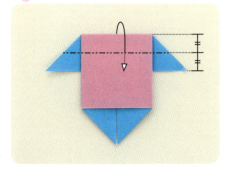
7 二等分で山折りで折り下げる

11 図の位置に合わせるように折り上げる

15 図のようになる

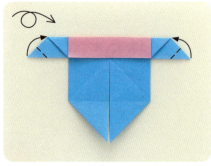
8 裏返して、角を図の位置まで折る

12 図の位置で折り下げる

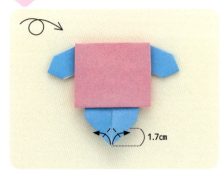
16 裏返して、図の位置で角が少し出るように折る

9 ○の角を中心線に合わせるように折る

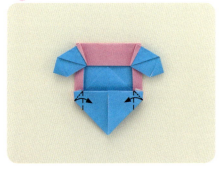
13 図の位置で谷折り。ついてくる部分を三角形につぶし折る

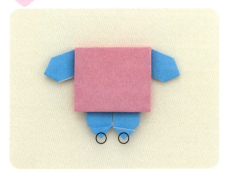
17 ○の角を少し山折り

18 出来上がり

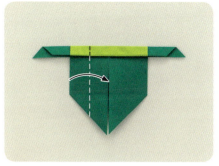

3 中心線に合わせるように折る

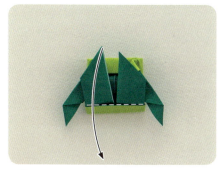

7 図の位置で折り下げる

29 まめ（体）

15cm角　1枚
1/4サイズ　1枚

4 ○の角が外側のラインから出ないように、ななめに折る

8 図の位置で谷折り。ついてくる部分を三角形につぶし折る

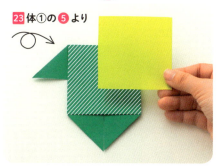

1 23体①の5まで同様に折る。裏返して、1/4サイズを糊で貼る

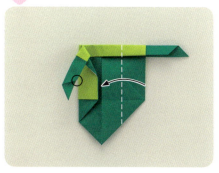

5 ○の部分を合わせる。反対側も3〜5と同様に折る

9 途中の様子

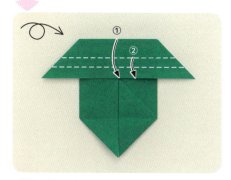

2 裏返す。
①図の位置まで折り下げる
②さらに図の位置まで折り下げる

6 図の位置まで折り上げる

10 角を図のように折る

11 ○の角を少し谷折り

31 乳児①（体）

15cm角　1枚

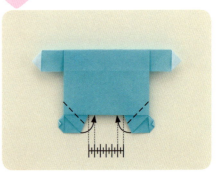

4 ○の角を三等分で谷折り

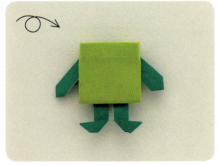

12 裏返して、出来上がり

1 23 体①の5まで同様に折る。それぞれを図の位置まで折る

5 角を図の位置に合わせるように折る

30 スタイ

1/16サイズ　1枚

2 図のようになる

6 図のようになる

1 ①十字に折りすじをつけ、角を三等分で折る ②図のようになる ③裏返して、出来上がり

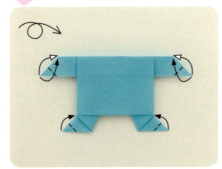

3 裏返して、図の位置まで折る。上の角はかぶせ折りして、下の角は谷折り

7 裏返して、図の位置でななめに折る

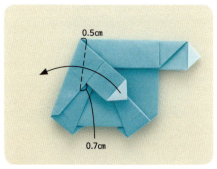

8 図の位置で折る

32
乳児②
（体）

15cm角　1枚

4 角を図の位置に合わせるように折る

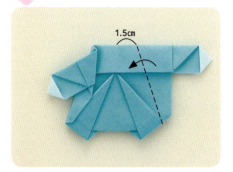

9 反対側も❼❽と同様に折る

1 23体①の❺まで同様に折る。図の位置まで折り下げる

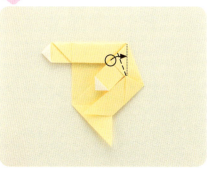

5 ○の角を図の位置に合わせるように折る

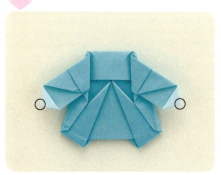

10 ○の角を少し谷折り

2 角を図の位置までかぶせ折りする

6 角に合わせるように、ななめに折る

11 裏返して、出来上がり。30スタイを図のように糊で貼る

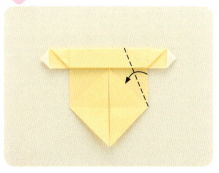

3 折り線に合わせるようにななめに折る

7 図のようになる

33 てるてるぼうず

15cm角 1枚

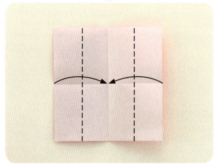

1 十字田に折りすじをつけ、中心線まで折る

2 中心線まで折って戻し、折りすじをつける

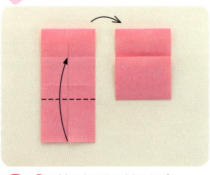

3 ❷の折りすじまで折り上げる

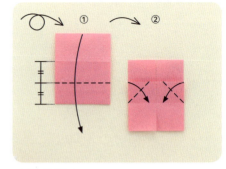

4 裏返す。
①図の位置で折り下げる
②角を❷の折りすじまでななめに折る

5 折った部分を戻す

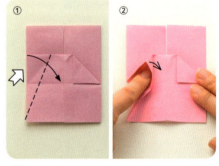

6 ①⇨のところに指を入れ、広げながら図のように折り、三角形につぶし折る ②途中の様子

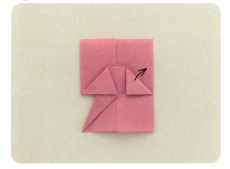

7 反対側も❺❻と同様に折る

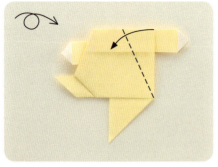

8 裏返して、角を中心線に合わせるように、ななめに折る

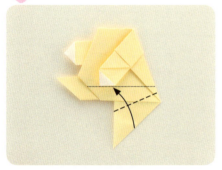

9 図のラインに合わせるように折る

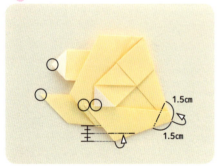

10 角を図のように折る。
○の角は少し山折り

11 出来上がり

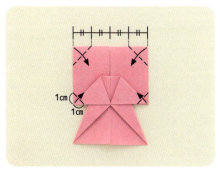

8 角を図のように折る

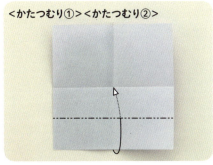

＜かたつむり①＞＜かたつむり②＞

1 十字田に折りすじをつけ、中心線まで山折りで折り上げる

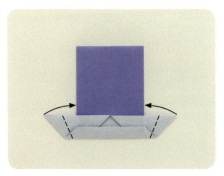

5 図の位置に合わせるように折る

9 図のようになる

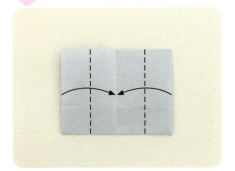

2 中心線まで折る

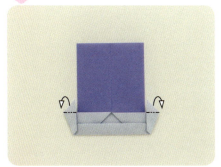

6 角を図の位置で山折りして、中に入れる

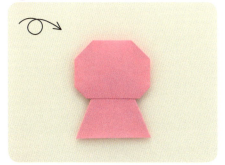

10 裏返して、出来上がり

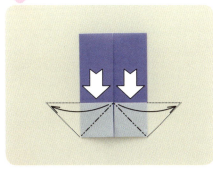

3 ⇨のところに指を入れ、広げながら三角形につぶし折る

折らない方が頭になるので、ここで①②どちらのパターンか選ぶ

7 角を図の位置まで折る

34 かたつむり①②

15cm角　1枚

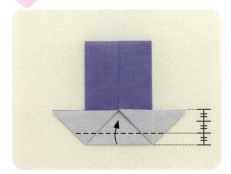

4 三等分で折り上げる

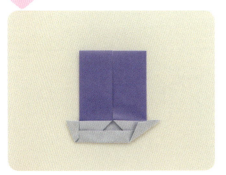

8 図のようになる

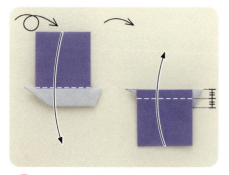

9 裏返す。
①図の位置で折り下げる
②図の位置で折り上げる

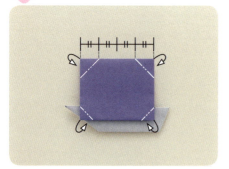

10 角を図のように山折り

11 <かたつむり①>の出来上がり

35 アイスクリーム・コーン

1/4サイズ　1枚

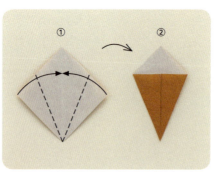

1 ①縦◇に折りすじをつけ、中心線に合わせるようにななめに折る
②出来上がり

36 アイスクリーム

15cm角　1枚

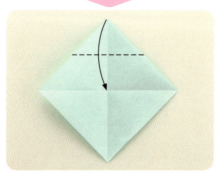

1 十字✧に折りすじをつけ、角を中心線まで折り下げる

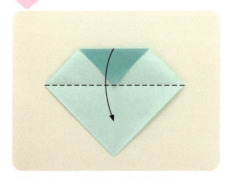

2 さらに中心線で折り下げる

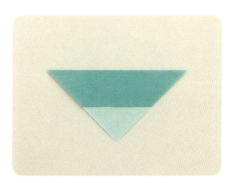

3 図のようになる

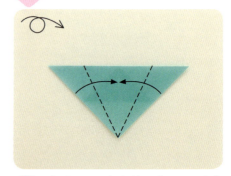

4 裏返して、中心線に合わせるようにななめに折る

5 ➪のところに指を入れて広げる

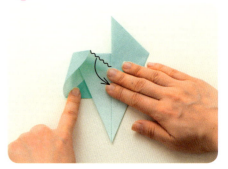

6 〜〜のラインを中心線に合わせるようにつぶし折る。
反対側も❺❻と同様に折る

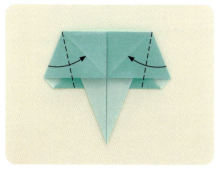

7 折り線に合わせるように折る

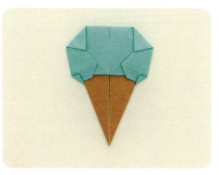

11 図のようになる

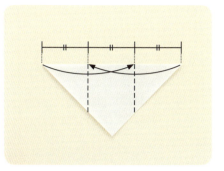

2 三等分で折る

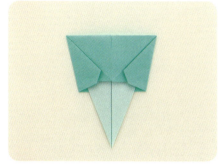

8 図のようになる

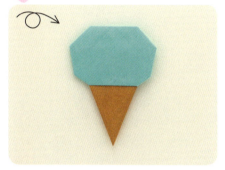

12 裏返して、出来上がり

3 角を図の位置まで折り下げる。反対側も同様に折る

9 35 アイスクリーム・コーンに図のように差し込む

37
おばけ

15cm角　1枚

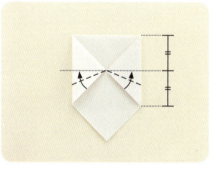

4 図の位置まで折り上げる

10 角を図のように折る

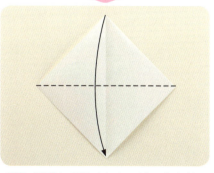

1 縦◇に折りすじをつけ、中心線で折り下げる

5 角を図の位置で折る

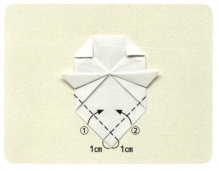

6 ①②の順で図の位置でななめに折る

38 どんぐり

15cm角　1枚

4 図のようになる

7 重なっている部分を引き出し、三角形につぶし折る

1 十字田に折りすじをつけ、中心線まで山折りで折り下げる

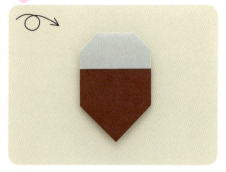

5 裏返して、出来上がり

8 図のようになる

引き出した三角形を反対側に折ると、向きの違うおばけになります

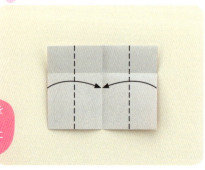

2 中心線まで折る

39 きのこ

15cm角　1枚

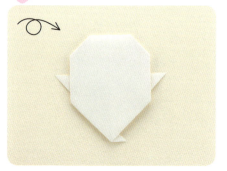

9 裏返して、出来上がり

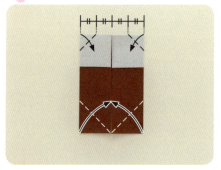

3 角を図のように折る

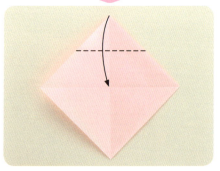

1 十字◇に折りすじをつけ、角を中心線まで折り下げる

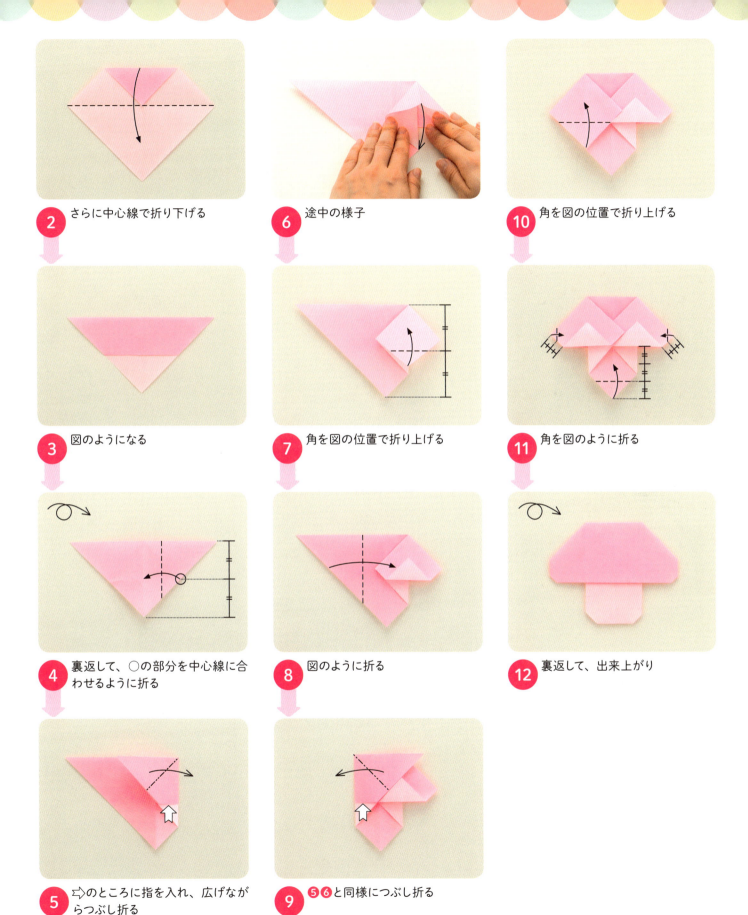

40 雪だるま①②

15cm角 1枚

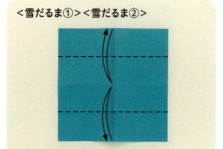

1 十字田に折りすじをつける。さらに中心線まで折って戻し、折りすじをつける

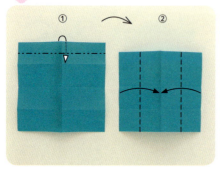

2 ①❶の折りすじまで山折りで折り下げる
②中心線まで折る

3 角を図の位置でななめに折る

4 図の位置まで折り上げる

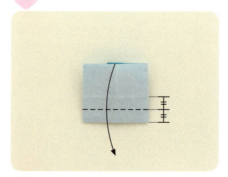

5 図の位置で折り下げる

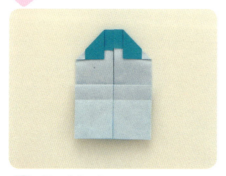

6 図のようになる

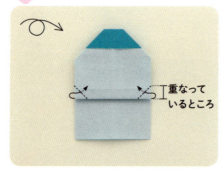

7 裏返して、重なっているところの角を図のように中割り折りする

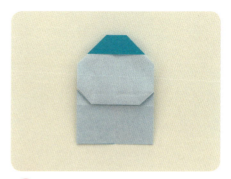

8 図のようになる

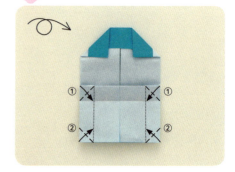

9 裏返す。
①角を折り線まで折る
②角を図の位置まで折る

10 図のようになる

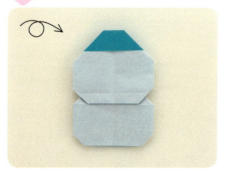

11 裏返して、<雪だるま①>の出来上がり

12 ❿まで同様に折る。角を図の位置で折り＜雪だるま②＞の出来上がり

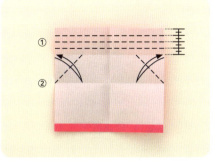

3 ①図のように四等分して、しっかり折りすじをつける
②中心線までななめに折って戻し、折りすじをつける

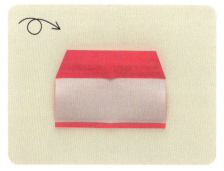

7 裏返して＜後方＞の出来上がり

41 園舎

15㎝角　2枚

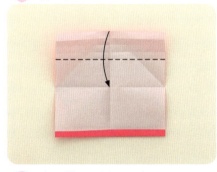

4 中心線まで折り下げる

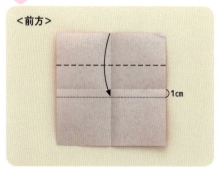

＜前方＞

8 十字田に折りすじをつけ、図の位置まで折り下げる

＜後方＞

1 十字田に折りすじをつけ、中心線まで折り下げる

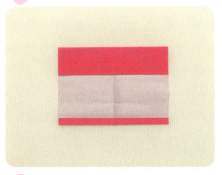

5 図のようになる

9 図のようになる

2 ①八等分で折り上げる
②❶で折り下げた部分を広げる

6 裏返して、❸-②でつけた折りすじまでななめに折る

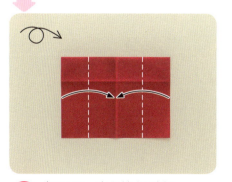

10 裏返して、中心線まで折る

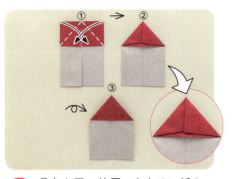

11 ①角を図の位置でななめに折る
②図のようになる
③裏返して＜前方＞の出来上がり

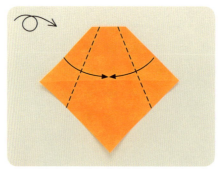

2 裏返して、中心線に合わせるようにななめに折る

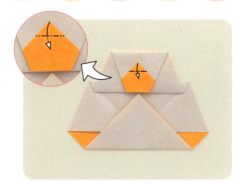

6 角を図の位置まで山折り

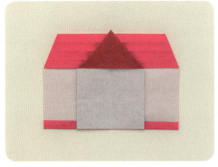

12 ＜前方＞と＜後方＞を糊で貼り、出来上がり

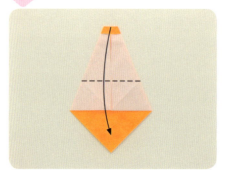

3 図の位置で折り下げる

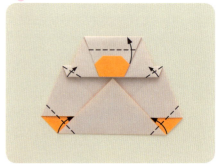

7 図の位置に合わせるように折り上げる

42 鏡もち

15cm角　1枚

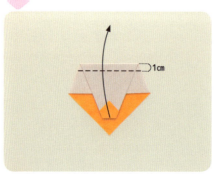

4 図の位置で折り上げる

8 図のように❼で折った部分を戻し、折りすじをつける

1 十字に折りすじをつけ、四等分で折り下げる

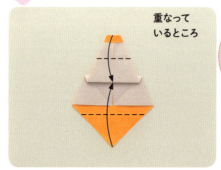

5 図の位置まで折る

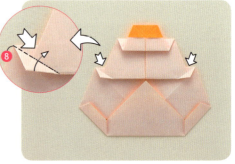

9 ➪のところに指を入れ、❽の折りすじを図のように折り、三角形につぶし折る

10 図のようになる

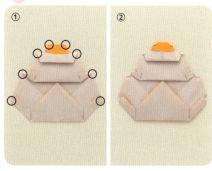

11 ①○の角を少し谷折り
②図のようになる

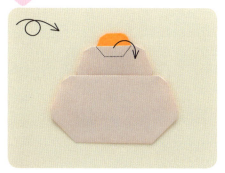

12 裏返して、図の部分を引き出す

13 出来上がり

43 三方

15cm角　1枚

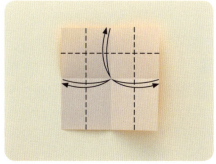

1 十字田に折りすじをつける。さらに中心線まで折って戻し、折りすじをつける

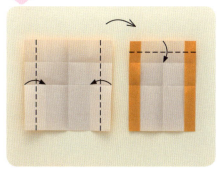

2 ❶の折りすじまで折る

3 図の位置で山折りで折り下げる

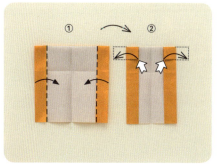

4 ①図の位置で折る
②⇨のところに指を入れ、広げながらついてくる部分を三角形につぶし折る

5 中心線まで折って戻し、折りすじをつける

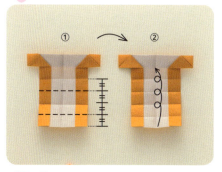

6 ①図のように折りすじをつける
②巻くように三角形に折り上げる
（立体にしない場合は、三角形に折り上げずに順に折りたたむ）

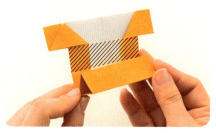

7 図のように糊をつけて留める

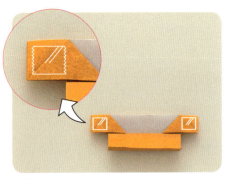

8 図のようにテープで留めて、出来上がり

1 十字◇に折りすじをつける。さらに中心線まで折って戻し、折りすじをつける

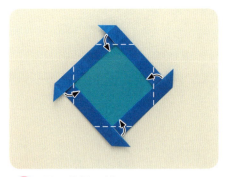

5 図の位置で折る

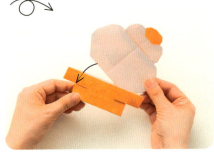

9 裏返して、図のように 42 鏡もちを差し込む

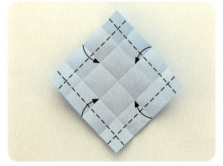

2 ❶の折りすじまで折る

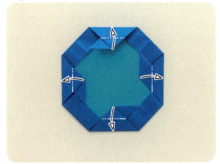

6 図のように山折りして、中に入れる

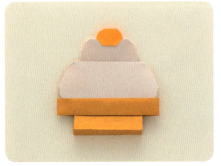

10 出来上がり

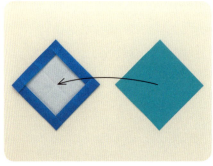

3 3/4 サイズを図のように中に入れる

7 出来上がり

44 ワッペン

15cm角　1枚
3/4 サイズ　1枚

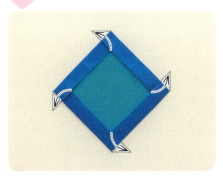

4 内側を引き出し、三角形につぶし折る

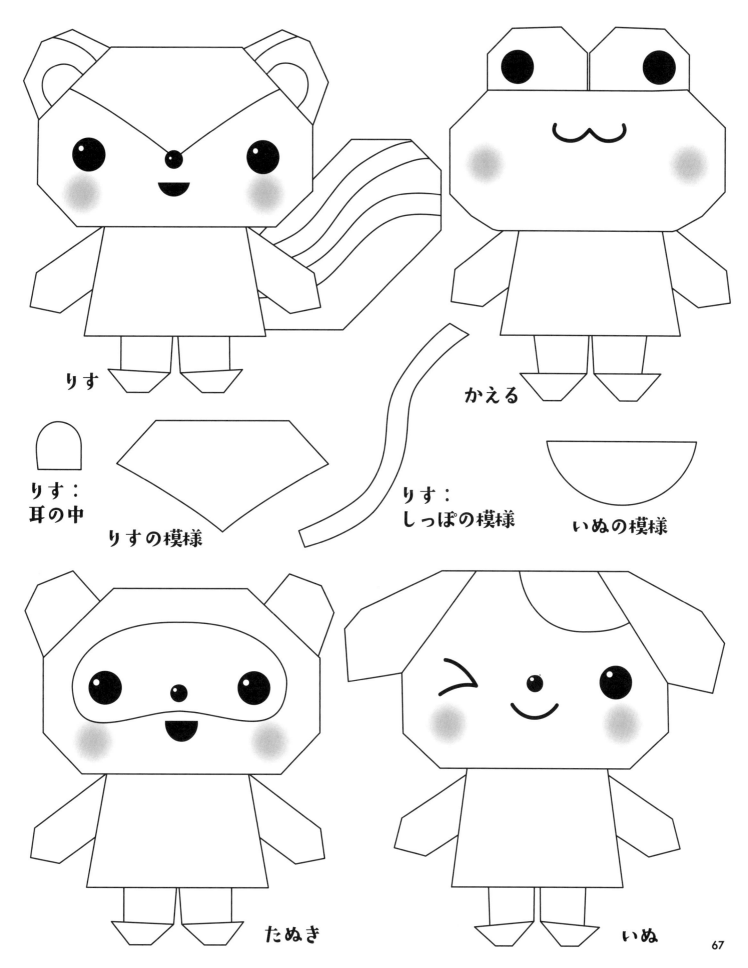

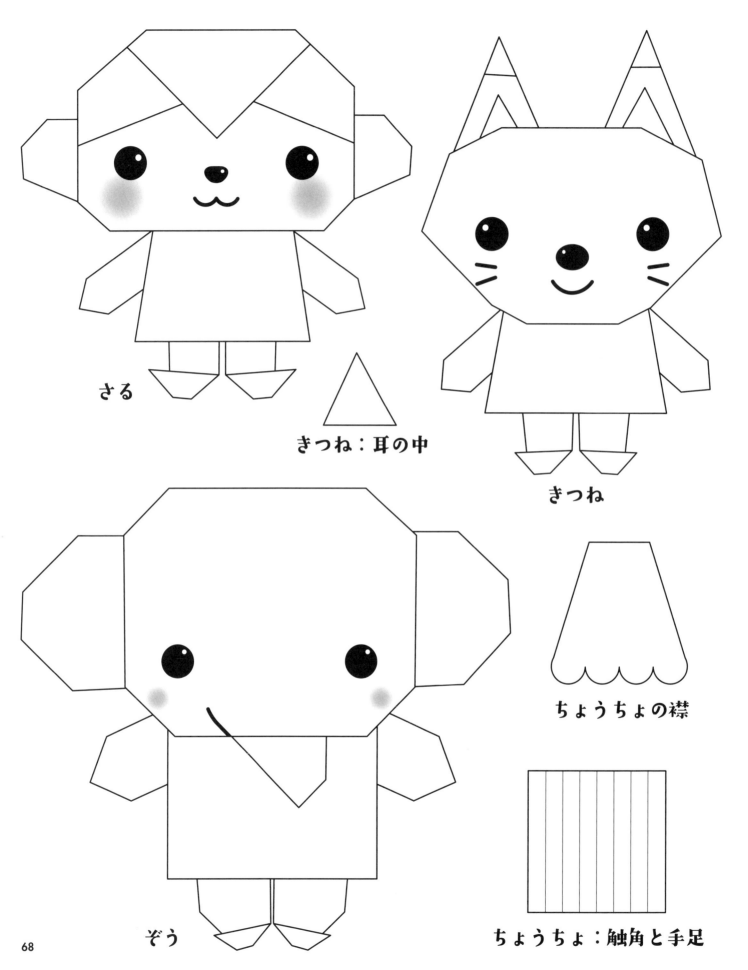

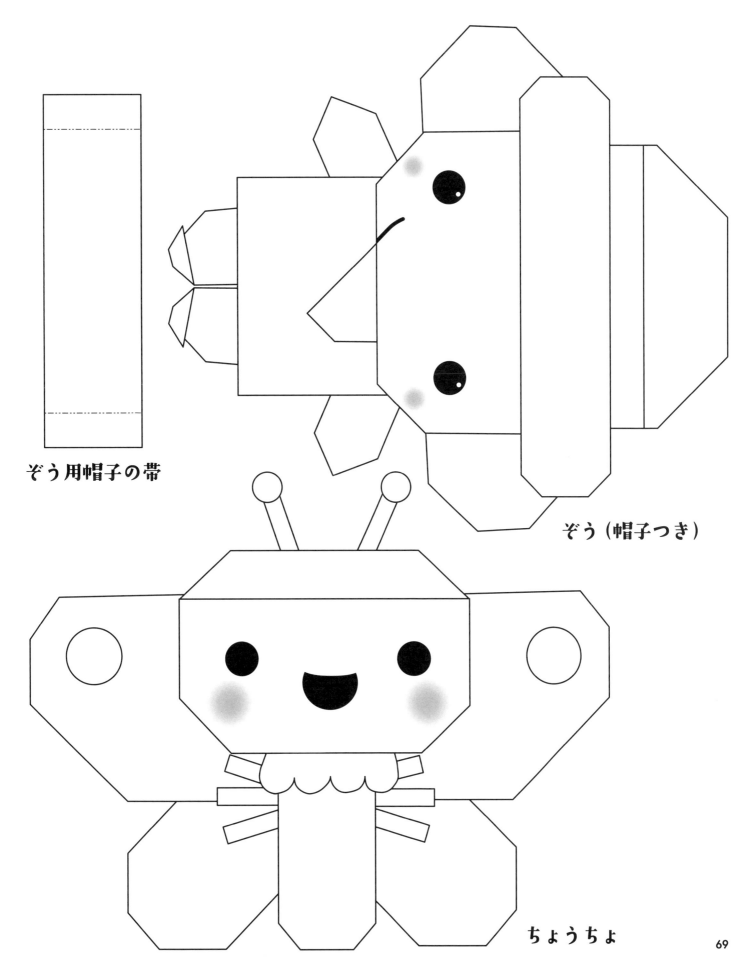

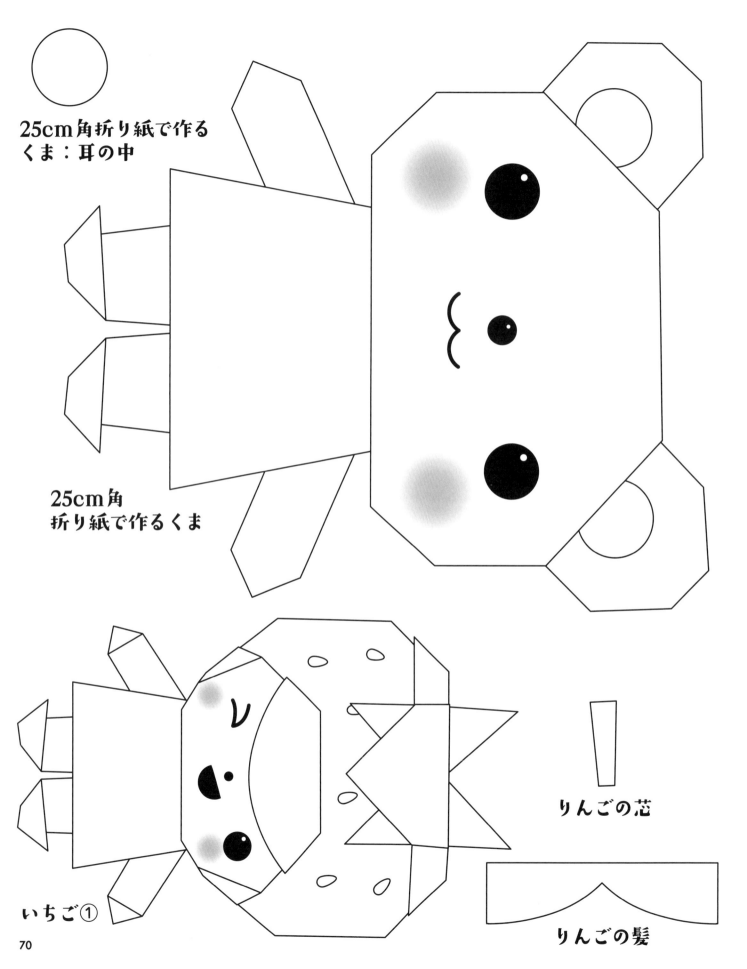

男の子（スモック）

男の子（水着）

男の子（水着）の水着

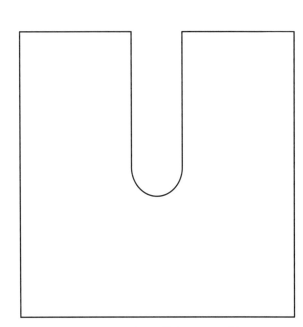
女の子（水着）の水着

女の子（水着）

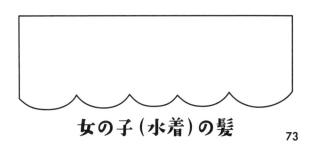
女の子（水着）の髪

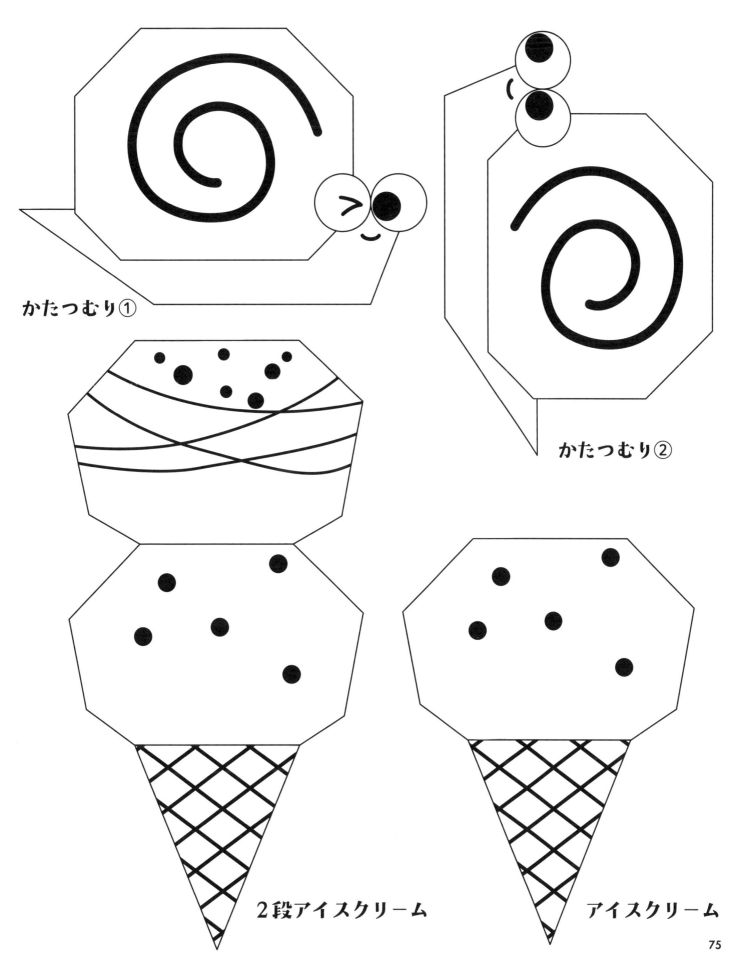

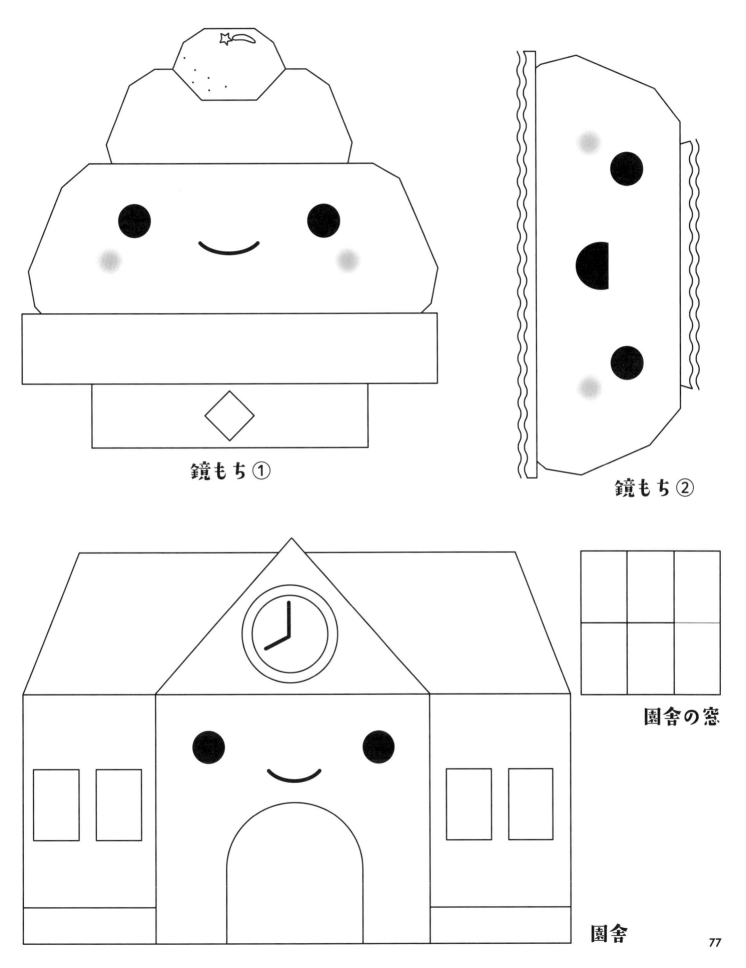

鏡もち①

鏡もち②

園舎の窓

園舎

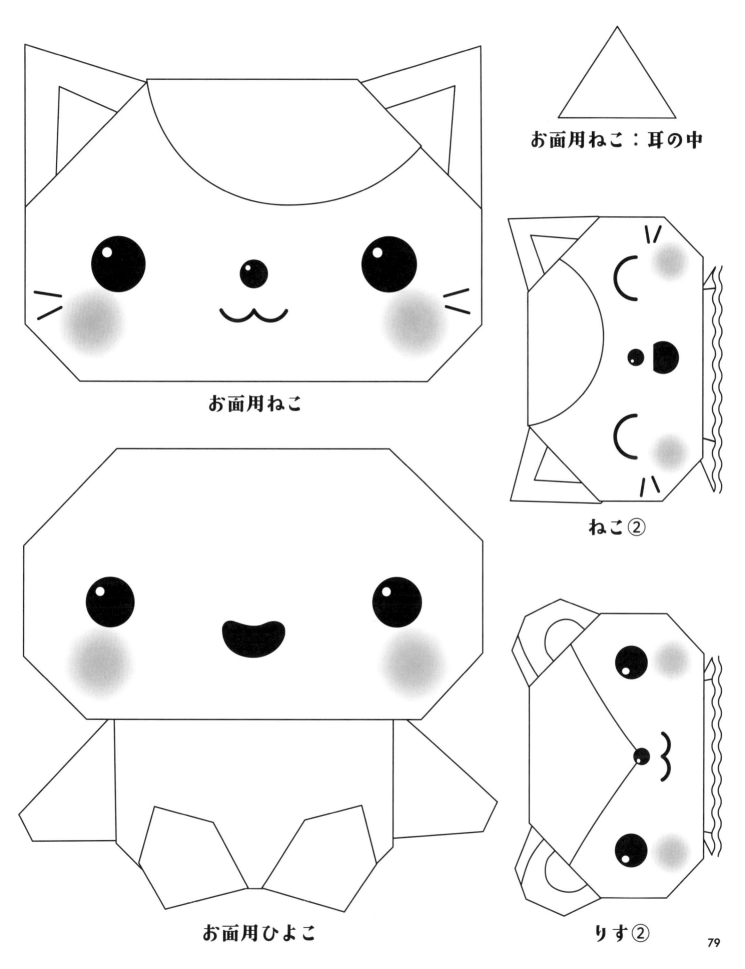

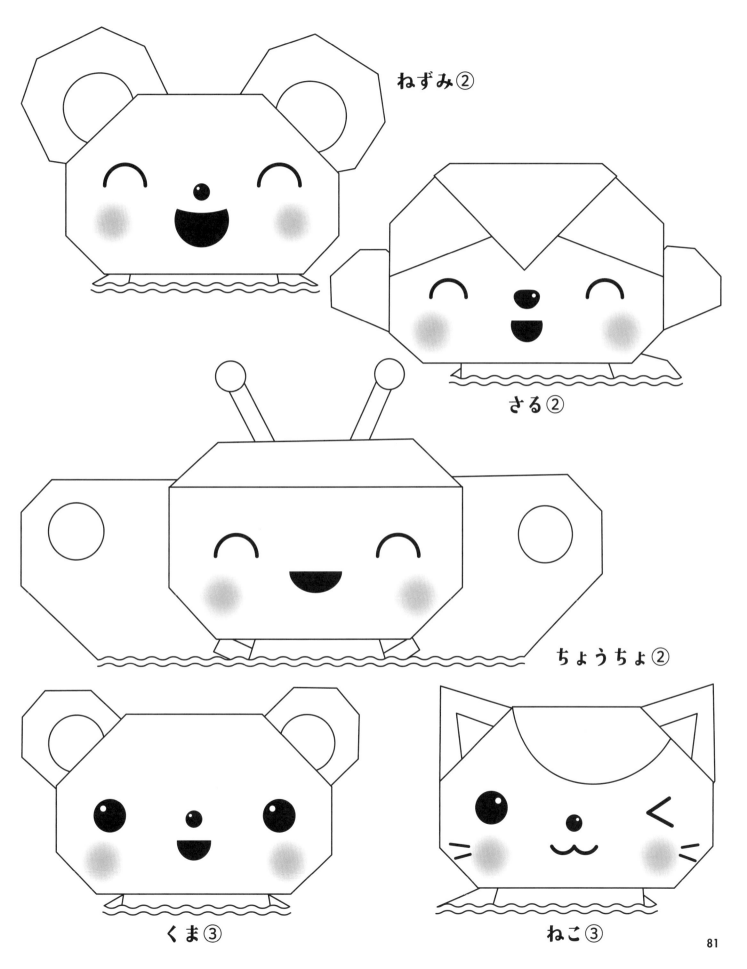

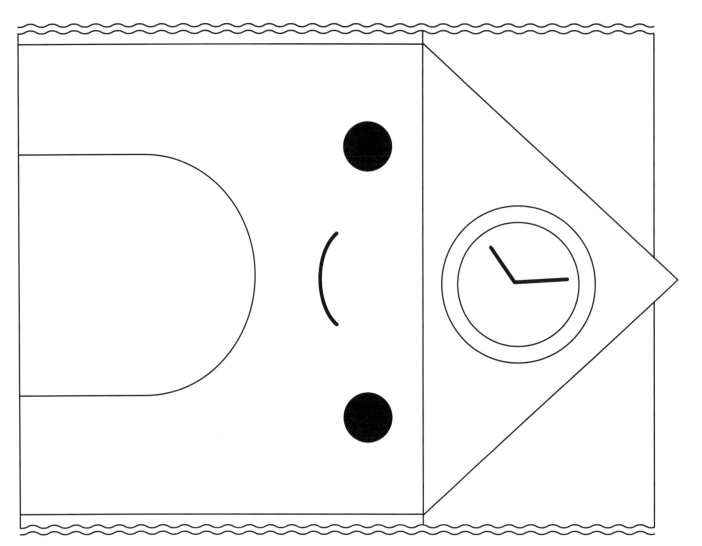

25cm角折り紙で作る園舎

雲

花

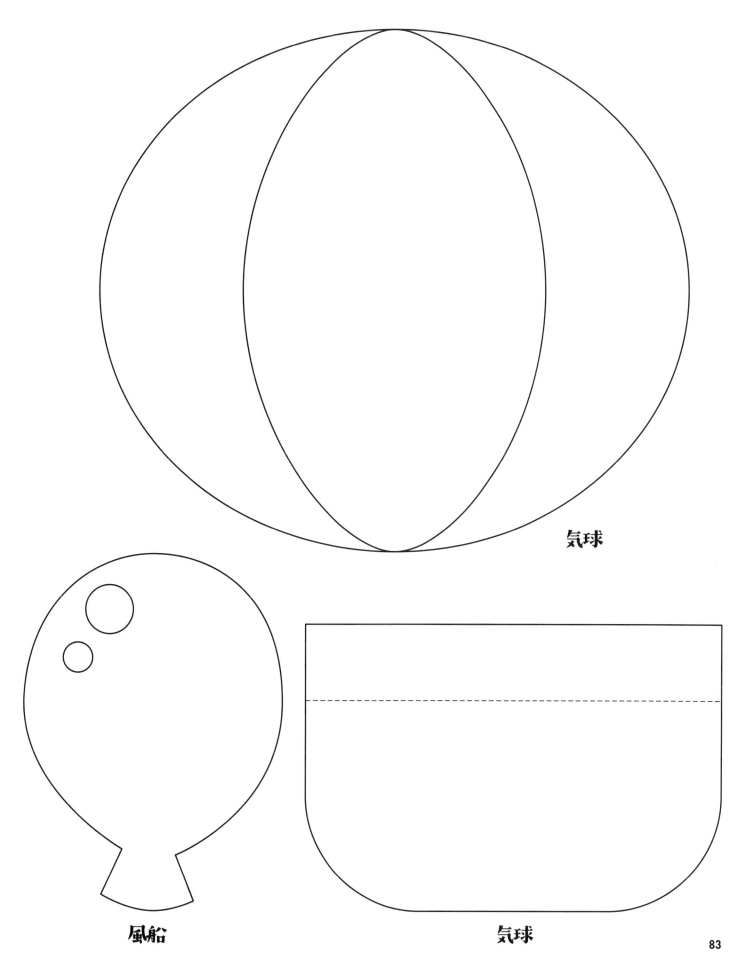

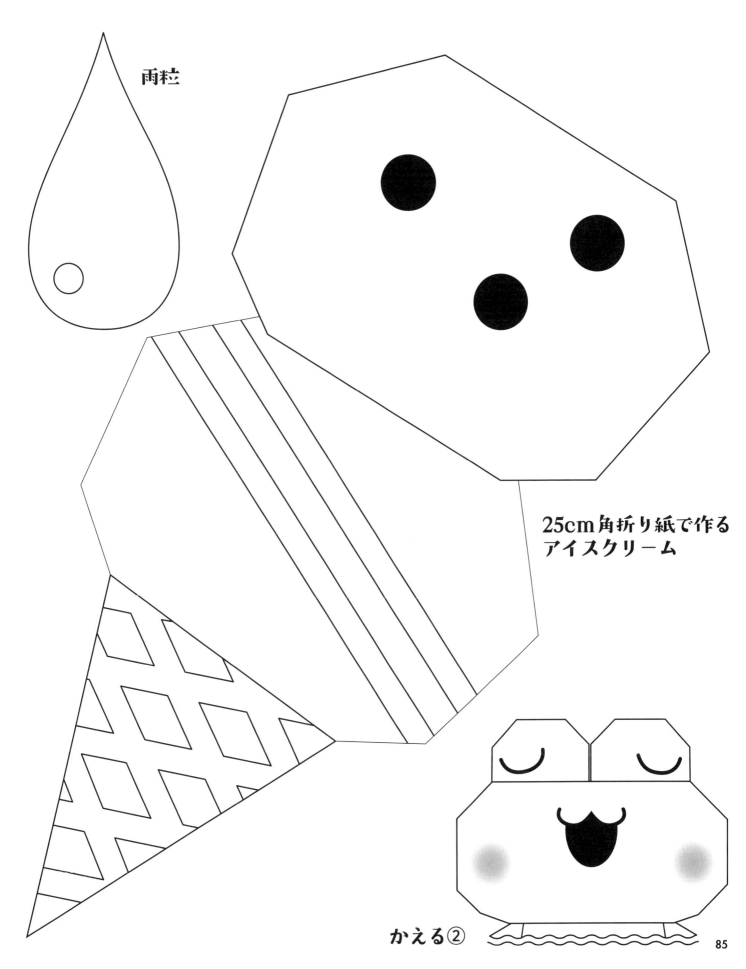

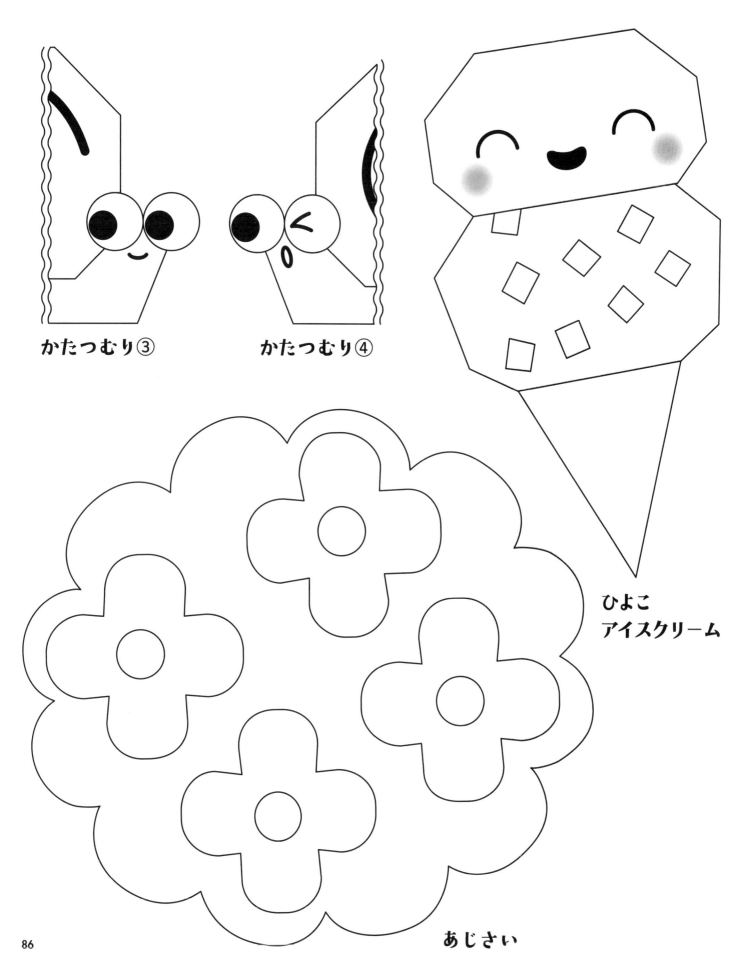

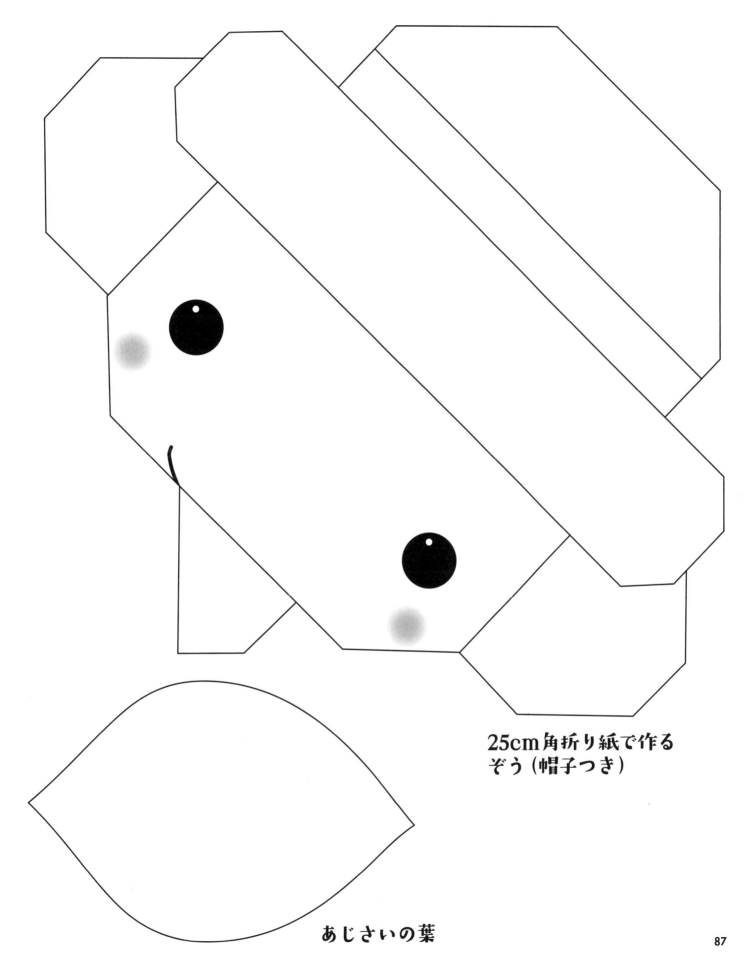

25cm角折り紙で作る
ぞう（帽子つき）

あじさいの葉

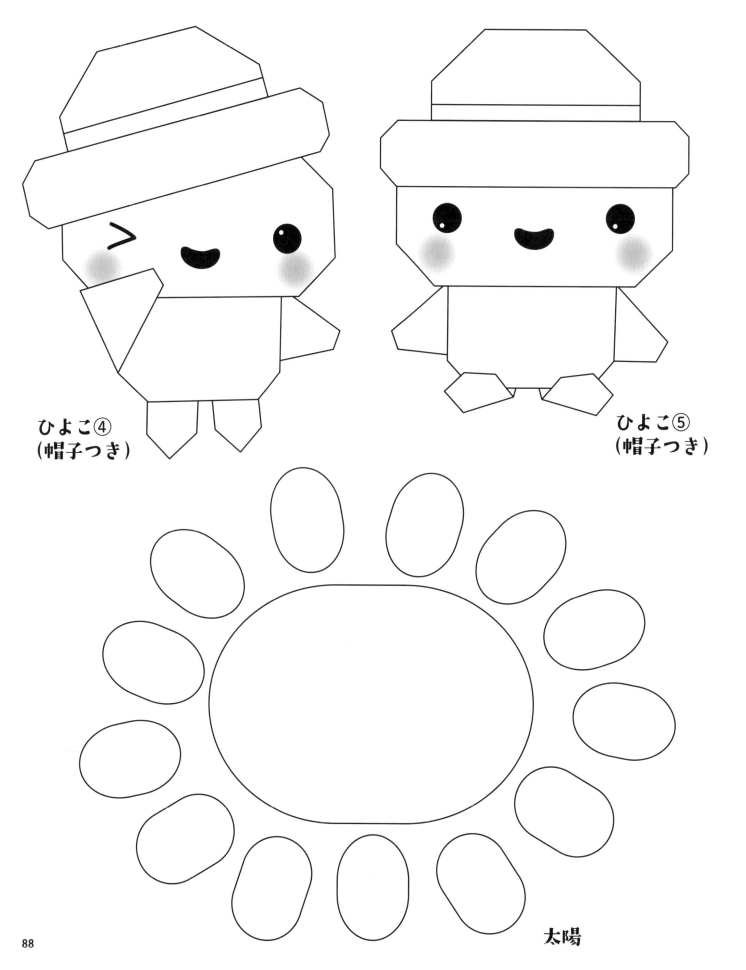

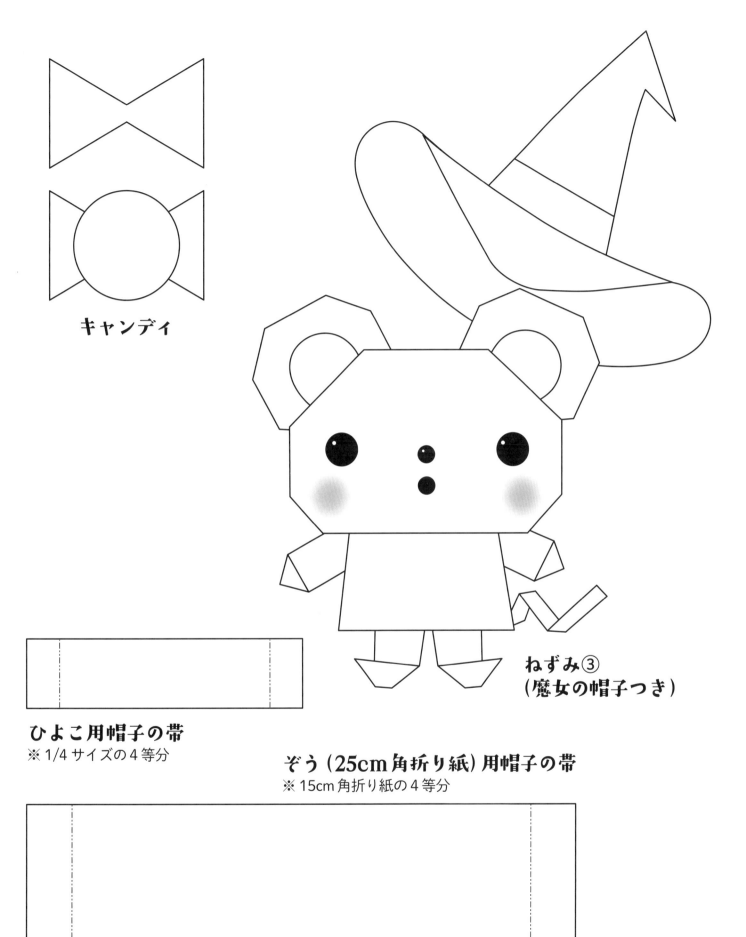

キャンディ

ねずみ③
(魔女の帽子つき)

ひよこ用帽子の帯
※1/4サイズの4等分

ぞう（25cm角折り紙）用帽子の帯
※15cm角折り紙の4等分

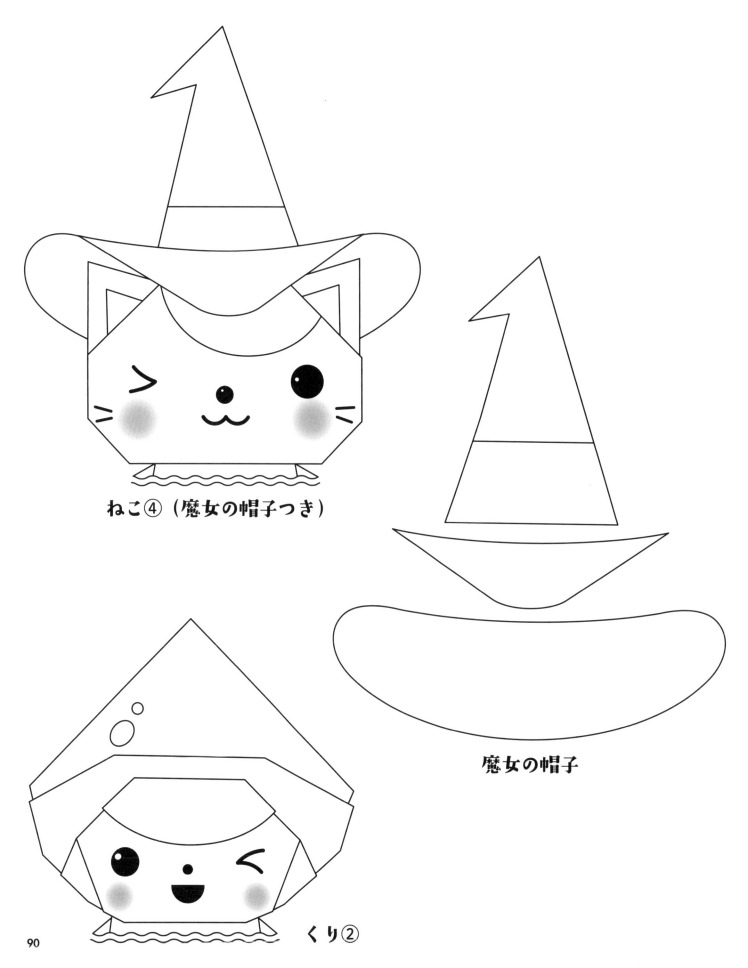

25cm角折り紙で作るおばけ
(魔女の帽子つき)

おばけ②

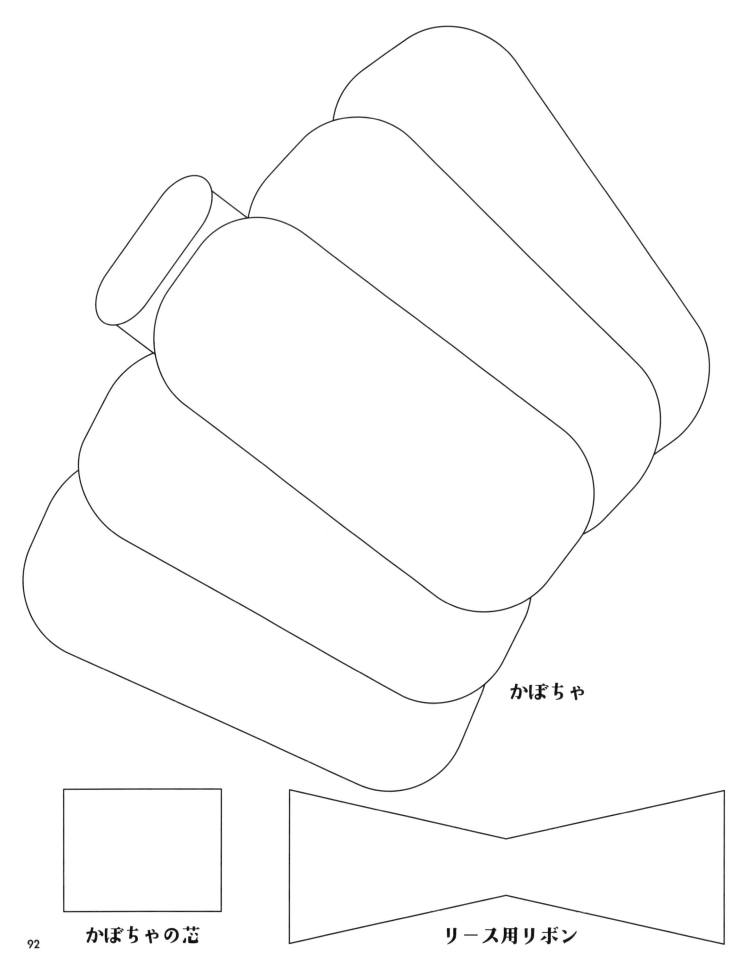

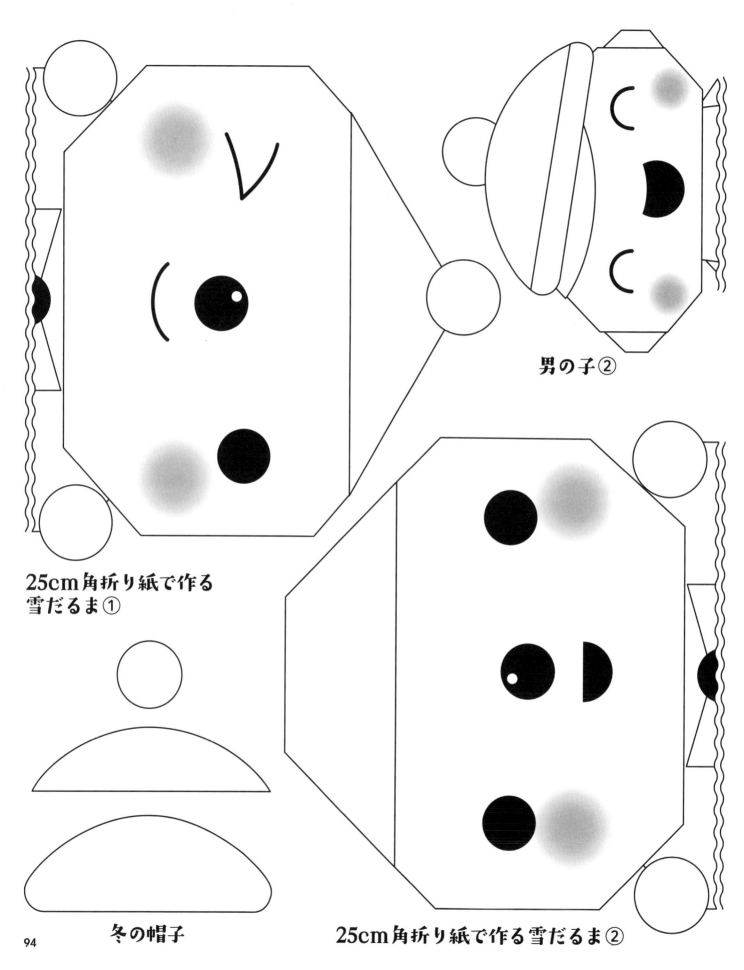

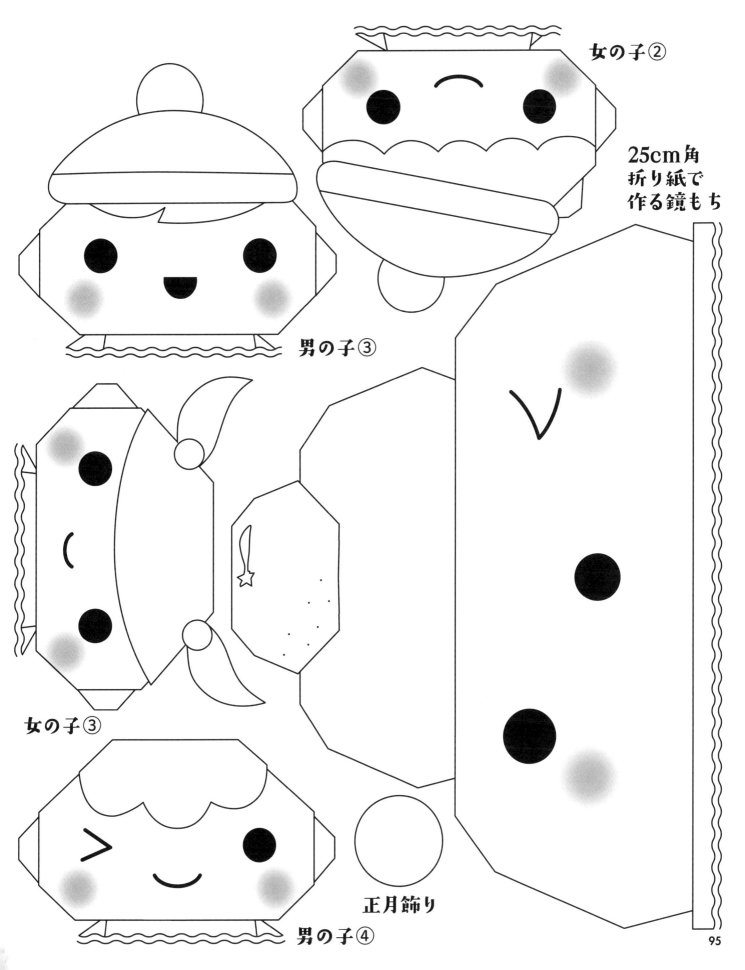

著者紹介 いしばし なおこ

千葉県柏市在住。幼少期から絵を描くことが大好きで、保育の仕事や自身の子育てを通じてキャラクターの折り紙と出会う。もともとキャラクターものが好きなため折り紙で表現することに夢中になり、次々と作品を考案するようになる。またキャラクターだけではなく、さまざまな題材を折り紙で"かわいらしく"表現することを研究中！

『遊べる！飾れる！折り紙で作る おはなし指人形』
『遊べる！飾れる！折り紙で作る おはなし指人形 ～世界の童話編～』
『折るだけ！貼るだけ！折り紙で作る ディズニーキャラクター変身グッズ！』
（いずれも小社刊）など著書多数。

◆ 折り紙プラン・制作
　いしばし なおこ

◆ キャラクター原案
　千金 美穂

表紙・本文デザイン	有限会社 ハートウッドカンパニー
撮影	株式会社 グラン
校正	株式会社 円水社
企画・編集	多賀野 浩子・調 美季子
協力	魚谷 彩子

一年じゅう、園を飾れる！
折り紙で作る 千金 美穂 キャラクターワールド！

発行日	2019年6月5日　初版第1刷発行
著　者	いしばし なおこ
発行者	小杉 繁則
発　行	株式会社 世界文化社
	〒102-8187　東京都千代田区九段北 4-2-29
電　話	03（3262）5615（商品開発部）※内容についてのお問い合わせ
	03（3262）5115（販売部）※在庫についてのお問い合わせ
印刷・製本	図書印刷株式会社
DTP制作	株式会社 明昌堂

©Naoko Ishibashi, Sekaibunka-sha, 2019.
　Printed in Japan
ISBN978-4-418-19716-3
無断転載・複写を禁じます。
定価はカバーに表示してあります。
落丁・乱丁のある場合はお取り替えいたします。

本書掲載の作り方をWEB等で
公開することは、禁止されています。